우리는 여전히 사랑하는가?

지금 이대로 사랑하고 행복하기 위한 연애 심리학

우리는 여전히 사랑하는가?

초판 1쇄 인쇄일	2024년 2월 22일
초판 1쇄 발행일	2024년 2월 29일
지은이	손애숙
펴낸이	최길주
펴낸곳	도서출판 BG북갤러리
등록일자	2003년 11월 5일(제318-2003-000130호)
주소	서울시 영등포구 국회대로72길 6, 405호(여의도동, 아크로폴리스)
전화	02)761-7005(代)
팩스	02)761-7995
홈페이지	http://www.bookgallery.co.kr
E-mail	cgjpower@hanmail.net

ⓒ 손애숙, 2024

ISBN 978-89-6495-288-7 03180

우리는
여전히
사랑하는가?

지금 이대로 사랑하고 행복하기 위한 연애 심리학

손애숙 지음

BG 북갤러리

다시 한번 사랑할 수 있는
용기를 줄 수 있을 것이라 확신한다

최근 MZ 세대들을 향한 다양한 주제의 사랑과 연애에 관한 책들이 쏟아져 나오고 있다. 개인의 자유가 우선인 이 세대들을 향한 사랑의 방법들을 제시하기 위해 예전과는 다른 방식의 사랑을 요구한다. 요즘 세대들의 특징은 자신의 자유를 잃지 않으면서 타인과 관계를 맺고 사랑을 추구하는 것이다. 그렇기에 갈등이 많고 사랑의 지속기간이 그리 길지 않다. 자신에게 조금이라도 불이익이 주어지거나 관계가 힘들어지면 금방이라도 관계를 종결하는 것이 요즘 세대의 특징이다. 그래서 예전 세대들과는 달리 그들의 마음을 파악하기는 더욱 어렵다. 그런 면에서 《우리는 여전히 사랑하는가?》는 이런 MZ 세대들을 향한 의미심장한 메시지를 담고 있다.

연인의 마음을 읽어주고 이해하면서 사랑의 주체인 나를 잃지 않고 행복하게 사랑하는 법을 찾을 수 있다면 얼마나 좋겠는가.

이 책은 바로 이러한 메시지에서 해결책을 제시하고 있다. 이 책은 32가지의 행복 코드와 마음공부를 통해 자신이 가지고 있는 강점의 키워드를 찾아 행복한 사랑을 찾을 수 있는 길을 안내하고 있다. 저자의 글을 읽다 보면 평소 사람들을 상담하면서 그들이 찾고 있는 사랑의 의미를 명쾌하게 해석하며 진정한 사랑의 방법을 다양한 방법을 통해 알려주고 있다. 이 책의 특징은 저자의 상담사례와 영화에 나타난 사랑의 내용을 제시함으로써 독자들에게 이해하기 쉽게 다가가고 있다는 점이다. 그래서 누구나 이해하기 쉽게 저자의 메시지를 파악하고 있으며 질문에 대한 답을 찾고자 생각하게 된다.

　사랑의 방법을 몰라 고민하고 있는 젊은 세대들, 사랑에 실패하여 다시 사랑하기를 두려워하는 사람들에게 이 책은 다시 한번 도전할 수 있는 힘을 줄 수 있을 것이다. 많은 MZ 세대들과 독자들에게 다시 한번 사랑할 수 있는 용기를 줄 수 있을 것이라 확신하여 이 책을 추천하는 바이다.

– 목원대학교 학생상담센터 교수 노성동

[추천사 2]

행복한 사랑은 결국
자신의 강점을 찾는 것이 중요하다

《우리는 여전히 사랑하는가?》(손애숙 저)를 '연애 심리학의 바이블'로 추천합니다. 이미 이 책의 부제가 말해주듯이 '지금 이대로 사랑하고 행복하기 위한 연애 심리학'이라고 선언한 것이 추천하는 이유의 핵심입니다. 갈수록 MZ 세대는 결혼을 지양하는 시대가 되었습니다. 그런데 연애조차도 잘 못 하는 세대라서 성폭력을 비롯한 데이트폭력이 증가하는 추세입니다. 동시에 기성 세대조차 결혼 후의 삶 그리고 이혼과 재혼 등과 같은 부분에서 여러 문제를 만나고 해결하지 못하여 고민하는 부부들이 많습니다.

저자는 현장에서 주로 커플 상담을 하는 전문가입니다. 이 책을 통해 정말 사랑하고 행복하기 위한 연애를 하시기 바랍니다.

저자는 "사랑과 행복의 주체는 나 자신이다."라고 말합니다. 그러면서 '연인에게 무조건적인 헌신이나 일방적인 사랑을 원하는 것은 아니고, 다만 사랑 안에서 내가 원하는 행복을 누리기를 바랄 뿐이다."라며 현대인들의 사랑과 행복을 정의합니다.

결국 저자는 '연인의 마음을 읽어주고 이해하면서 사랑의 주체인 나를 잃지 않고 행복하게 사랑하는 법을 찾을 수 있다면 얼마나 좋겠는가?'라는 질문과 함께 행복한 사랑은 결국 자신의 강점을 찾는 것이 중요하다며 32가지 행복 코드와 마음공부를 이 책에 고스란히 모두 담았습니다.

이 책을 권하며 바로 지금 '1장, 사랑의 싹을 틔우는 마음 돌보기'부터 읽어 보실까요?

– 빅터국제대학교 기독교상담학 교수 곽동현

너를 사랑한다는 의미

"교수님~ 저 이번에 미루어두었던 책을 출간하려고 해요. 원고 읽어보시고 책에 대해 서평해 주실 수 있을까요?" 여름날 무더위와 싸울 때쯤 활기찬 목소리의 저자에게 연락이 왔다. 그동안 저자의 고민과 앞으로 삶의 방향에 대해 나누었던 시간을 미루어 보면 관계소통전문가로서 전문성을 발휘하는 내용일 것으로 생각하며 원고를 읽어 갔다.

저자는 여느 관계소통전문가와는 달리 "너를 사랑하기 위해 나를 알아간다."라는 화두를 제시한다. 저자가 소개한 에머슨의 말처럼 우리 삶은 어디에서 오는가에 대한 해답을 저자는 관계소통에서 찾는다. 이 책은 관계소통에서 오는 행복이라는 재료를 삶에서 각자의 레시피로 승화시키는 방법을 동물의 사례에 빗대어 위트 있게 구성하였다.

우리는 모두 행복 코드를 가지고 태어난다. 하지만 행복 코드를 발견하지 못하거나, 행복 코드를 발견했으나 발전시키지 못하는 경우가 많다. 이에 대해 저자는 자신의 변화를 먼저 생각했다. 그리고 그 변화의 시작은 자신을 있는 그대로 인정하기부터였던 것 같다. 자신의 이해에서 비롯된 행복 코드를 찾는 과정에서 가치관을 먼저 정립하고 난 후 상대를 바라보는 연습이 중요하다고 저자는 강조한다. 이는 관계 소통적인 부분에서 상대로 하여금 사랑과 신뢰를 형성하게 하며, 나의 안정은 상대로 하여금 사랑이라는 근원적인 느낌을 갖게 한다. 이는 다투더라도 상대가 사랑으로 인정하는 효과를 불러일으킨다.

저자는 진정한 사랑에 대해 나다움을 이야기한다. 이는 내가 가지고 있는 행복 코드를 알고 상대와 소통했을 때 관계는 완성된다는 의미일 것이다.

결국 너를 사랑한다는 의미는 특별한 것이 아닌 일상에서 나와 상대의 행복 코드가 다름을 인정하고, 서로의 부족한 부분을 채워가는 삶의 여정이 아닐까 생각한다.

— USWA 재능경영교육학 교수 박제희

[추천사 4]

사랑하는 연인과 쉽게 읽을 수 있도록
만들어낸 행복한 사랑의 메시지

온전한 사랑…….

그 속에서 새로운 기회와 진정한 사랑을 꿈꾸는 분들에게 이 책을 권한다.

이 책은 세상의 모든 연인들에게 사랑의 맥을 제대로 짚어줄 필독서이다.

또 이 책은 서로를 이해하고 위로하며 격려하며 행복한 사랑을 꿈꾸는 모든 연인들과 동행하는 지침서이다.

책이 전하는 강점 키워드 단 몇 개를 찾는다면 열등감, 두려움 등의 조각들을 정리하고 진정한 사랑으로 승화시키는 방법들을 찾을 수 있을 것이다. 그리고 사랑하는 연인들은 그저 서로에 관한 경이로운 탐구를 계속하면 된다.

연인들과의 관계에서 그동안 풀리지 않던 문제 해결의 실마리를 이 책을 통해 얻을 수 있다.

행복한 사랑을 찾는 이들에게 이 책이 전하는 메시지에 귀 기울이길 바란다. 그렇다면 이 책의 마지막 장을 덮는 순간, 당신은 온전한 사랑을 찾을 것이다.

– 안산시 육아종합지원센터장 이정은

프롤로그

자연스럽게 잘할 수 있는 강점 키워드를 찾아서
연인과의 사랑의 깊이를 더하기를 바란다

코로나19가 사람들의 관계에 많은 변화를 가져왔다. 서로 물리적 거리두기를 시작하였고 직장인들은 비대면 형태의 재택근무를 하며 일을 해야 했다. 시간이 지나며 위드코로나로 사회적 거리두기를 완화하며 일상을 회복하고 있다. 집에서 근무하면서 월급 1,000만 원을 받아 부러움을 샀던 모 기업은 직원들의 사무실 출근을 원칙으로 하겠다고 발표하였다. 이에 재택근무 축소는 직원들의 복지를 축소하는 것이라며 직원들은 반발했다.

재택근무는 일을 하면서 충분한 자유를 누릴 수 있다. 다른 사람을 신경 쓰지 않아도 되고 하고 싶은 대로 하면서 업무의 결과만 도출하면 된다. 자유로움에서 업무 성과를 이루고 그에 따른 금전적인 충분한 보상이 이루어진다. 위드코로나로 대면을 강조하며 멀어졌던 사람과의 물리적 거리를 좁히는 일을 모두가 반기는 것은 아니다. 타인을 의식하고 맞추어 가는 일이 자유를 구속받는 것이라고 생각하기 때문이다.

자신의 행복이 우선시 되는 MZ 세대는 자유를 구속하는 것이 행복을 방해하는 요인으로 받아들일 수 있다. 자신의 행복을 위해서는 자유가 필요하다. 이에 더해 행복을 위해서는 마음을 주고받는 이성과의 사랑은 매우 중요한 요소이다. 누군가와 뜨겁게 사랑을 하면서도 상대보다 자신의 만족과 행복이 먼저 충족되기를 바란다. 연인에게 무조건적인 헌신이나 일방적인 사랑을 원하는 것은 아니다. 다만 사랑 안에서 내가 원하는 행복을 누리기를 바랄 뿐이다.

연인과 사랑을 하고 있지만, 그 사랑이 나의 자유를 통제하는 걸림돌이라고 생각하여 힘들 때가 있다. 나를 잃지 않고 상대도 행복한 사랑, 누구도 힘들지 않은 사랑을 위한 방안이 있으면 좋겠다는 생각에서 이 글을 쓰게 되었다.

연인의 마음을 읽어주고 이해하면서 사랑의 주체인 나를 잃지 않고 행복하게 사랑하는 법을 찾을 수 있다면 얼마나 좋겠는가.

사랑과 행복의 주체는 나 자신이다.

사랑을 하면서도 행복하지 않다면 사회적 거리두기를 하듯 적당히 사랑의 모양만 붙잡고 있는 것이다. 대부분 사람은 행복한 사랑을 위해서는 부족한 부분을 노력으로 채워서 상대에게 행복을 안겨주려는 마음을 갖는다. 자신의 장점과 강점을 소중히 여기기보다 상대의 욕구를 채워 주기 위해 부족함을 메우려는 데 집중한다. 그러나 그러한 마음에 함몰되다 보면 사랑을 좇아가면서 열등감과 불편감만 더해질 것이다. 점점 행복에서 멀어질 수 있다는 말이다.

행복한 사랑에는 자신의 강점을 찾는 것이 중요하다. 본문에서 32가지의 행복 코드와 마음공부를 통해 자신이 가지고 있는 강점 키워드를 단 몇 개라도 찾는다면 행복한 사랑은 당신의 것이 될 것이라고 확신한다. 32개의 키워드 중 반드시 자신의 장점과 강점이 있다. 가장 자연스럽게 잘할 수 있는 키워드를 찾아서 그것으로 연인과의 사랑의 깊이를 더하기를 바란다. 부족함을 메우려 할수록 열등감과 패배감만 쌓인다. 그와는 다르게 잘할 수 있는 것으로 즐기면서 결과를 이루어 간다면 그것은 성취감과 열매로 자기만족으로 이어진다.

이 글을 통해 사랑하면서 불편감이나 두려움이 없고 온전한 사랑을 이루는 방법을 찾기를 바란다.

나를 잃지 않고 행복한 사랑을 할수록 나 자신이 더욱 사랑스러워짐이 발견되기를 바라며 이 글을 쓰게 되었다.

차례 Contents

1장 사랑의 싹을 틔우는 마음 돌보기

01

사랑을 위한 시간

#01. 삶의 방향

일을 하기 위해 사랑을 하는 사람은 없다. 사랑을 하기 위해 일을 한다는 표현이 더 맞다. 일의 본질을 잊은 채 일만 하며 사는 사람들이 많다. '일 중독'이다. 오로지 일만 하는 사람이다. 일이 삶의 목적이고 우선순위다. 사랑하는 그들을 위한 것이라고는 하지만 정작 사랑하는 그들에게 사랑을 주지 못한다. 일을 해서 돈을 벌어 잘 먹이고 풍요로움을 주는 것이 사랑이라고 생각한다. 좋은 집을 사고, 좋은 자동차를 사고, 땅을 사고, 재산을 축적하기 위해 일을 한다. 또 잘 놀기 위해 일을 한다. 좋은 집을 사는 것은 좋은 휴식을 위해서이고, 좋은 자동차를 사는 것은 여행을 떠나기 위한 것이고, 즐기기 위해서이다. 잘 놀기 위해 일하고 사랑하면서 산다.

어릴 적 외할머니댁에 가면 밥공기에 밥이 절반쯤 남아 있을 때 할머니는 밥그릇에 밥을 더 채워 주셨다. "밥이 보약이고 힘"이라고 말씀하시면서 밥그릇에 사랑을 부어 주셨다. 그게 할머니의 투박한 사랑이었다. 그 사랑을 마다하지 않고 쌀 한 톨 남기지 않고 많은 양의 밥을 다 먹어 치웠다. 요즘은 쌀이 없는 집이 많다. 집에서 밥을 하지 않는다. 어쩌다 밥이 먹고 싶으면 인스턴트 밥을 전자레인지에 데워 먹으면 된다. 식탁에서 밥 많이 먹으라고 한 숟가락 더 얹어 주는 일은 없다. 꼭 밥으로 끼니를 해결하지 않아도 된다. 원하는 먹거리로 즐겁고 배부르면 충분한 식사다. 넓은 양푼에 갖은 나물과 고추장 한 숟가락 넣은 비빔밥을 온 가족이 숟가락을 부딪치며 나누어 먹던 때가 있었다. 따뜻한 밥을 함께 먹으면서 사랑의 온기를 나누며 살았다.

요즘은 다르다. 커피 한 잔에 토스트 한 조각이면 식사를 해결할 수 있다. 가족의 등교 혹은 출근 시간이 다르기 때문에 서로 배려하며 각자 편리한 방식으로 배고픔을 해결하는 식사를 택한다. 어쩌다 가족이 함께 식사를 하더라도 주식이 밥일 필요는 없다. 밥보다는 주요리인 반찬을 더 많이 먹는 메뉴를 택하기도 한다. 음식은 에너지를 보충하기 위한 섭취 수단의 개념을 넘어서 나에게 주는 또 다른 즐거움의 의미를 더 큰 가치로 두는 사람들이 많아지고 있다.

연인과 맛있는 식사를 함께하는 것은 식탁에서 나누는 의미 있는 눈빛 교환과 마음을 나누는 정서적인 대화를 위한 것으로 식탁에 더 큰 가치를 둔다.

우리는 삶을 살아가는 데 무엇 때문에 일을 하는가? 사랑을 하기 위해 일을 하는 것에 대부분은 동의하고 있다. 여유로운 식사를 하지 못할 만큼 오늘도 바쁜 나는 사랑을 위해 시간을 어떻게 사용하고 있는지를 생각해볼 필요가 있다.

사랑하는 사람을 위해 시간을 잘 사용하고 있는가?

좀 더 맛있는 식탁을 준비하기 위해 오늘도 간편식으로 허기를 달래며 일에만 매달리고 있는가. 사랑을 위한 시간을 위해 일과 삶의 균형을 이루는 워라밸은 잘 지켜지고 있는지 나에게 묻는다.

#02. 근면한 비버

비버는 짧은 다리와 작고 둥근 귀를 가졌으며 가늘고 빽빽한 속 털과 거친 겉 털이 있는 포유동물이다. 몸길이는 약 1.3m까지 자라고 몸무게는 27kg 이상이다. 개울이나 작은 강을 좋아하며 둑에 굴을 파기도 하고 나뭇가지와 진흙으로 댐을 만드는 습성이 있다.

비버는 부지런하고 근면하다.

'비버처럼 바쁘다.'라는 표현은 근면성에 대한 칭찬이다.

작은 강이나 개울 같은 곳에서 산다. 성격이 순하고 협동적이다.

진흙을 바른 나뭇가지로 돔 모양의 섬 집을 짓고 산다. 강둑에 굴을 파고 살기도 한다.

꾸준히 나뭇가지를 모아 집을 짓고 집 아래에 겨울에 먹을 나뭇가지들을 가져다 모아둔다.

바쁘다, 바쁘다를 외치며 오늘도 나뭇가지를 모아 집 짓는 데 열중한다.

아침에 일찍 눈을 뜬 비버는 허겁지겁 일터로 향하고 있다.

가족들은 아직 잠에서 깨지 않았다. 각자 일어나야 할 시간에 알람을 맞춰 놓았다.

일터에 나온 비버는 오늘 할 일을 쭈~욱 살펴본다.

맛있는 별다방 커피 한 잔과 함께 즉시 업무에 착수한다.

으쌰! 으쌰! 자신을 독려하며 신바람 나게 오전에 할 일을 마친다.

점심은 빠르고 간편한 식사로 배고프지 않게 해결한다.

하루가 왜 이리 빠른지 모르겠다. 벌써 퇴근 시간이라고 한다.

열심히 일한 비버는 보람차고 의미 있는 하루를 보냈다. 자신이 대견하다.

또다시 아침이 시작되었다.

어제와 다르지 않은 오늘이다. 씽씽~~ 최선을 다하는 하루다.

쓩쓩~ 또다시 하루가 끝났다.

주말은 친구들과 럭셔리 호캉스를 즐기기로 했다.

비버는 바쁘다 바빠.

그동안 열심히 모은 나뭇가지들을 보면 흐뭇하다.

계속 나뭇가지들을 모으는 일에 최선을 다할 것이다.

미국 스탠퍼드대학교 지구시스템과학과 연구팀은 비버가 생태계에 도움을 주고 있다고 했다.

최근 기후변화로 수질이 악화되고 있는데 비버가 만든 나뭇가지 댐이 피해를 줄이는 데 도움이 된다고 했다. 비버가 만든 댐이 필터와 같은 역할을 해서 오염물질을 걸러내는 역할을 한다는 사실이다. 국제학술지 〈네이처 커뮤니케이션즈〉에 발표했다.

비버는 그냥 열심히 근면하게 살아가고 있다.

자신에게 주어진 일에 최선을 다할 뿐이다.

작은 몸집으로 세상을 위해 커다란 일을 하지는 못하지만 작은 나뭇가지들을 모으는 것에 만족한다. 그 일이 좋을 뿐이다.

근면하게 살아가면서 자신이 생태계를 살리는 일에 도움이 된다는 것을 모른다.

오늘도 씽씽! 쑹쑹~ 최선을 다하는 비버는 세상에 도움이 되는 큰일을 하고 있지만, 자신은 작은 일이라고 생각하며 살아간다.

비버의 근면한 모습처럼 사랑하는 연인을 위한 작은 배려의 노력은 단단한 관계를 이루어 가는 과정이다.

#03. 사랑을 위한 근면한 내 마음 돌보기

1. 아침에 일어나서 가장 먼저 하는 행동은 무엇인가요?

2. 나를 위한 시간은 언제인가요?

3. 자신을 위해 무엇을 하고 싶은가요?

4. 연인과 함께 시간을 보내기 위해 포기하는 것은 무엇인가요?

5. 연인과 사랑을 위해 지속적으로 함께 하는 활동은 무엇인가요?

6. 연인과 어려운 문제를 해결했던 일은 무엇인가요?

7. 사랑을 위해 필요한 것은 무엇이라고 생각하나요?

#04. 사랑은 내 시간을 기꺼이 건네주는 것이다

《사랑은 내 시간을 기꺼이 건네주는 것이다》

이기주 저 | 황소북스

http://www.yes24.com/Product/Goods/88389638

사랑은 내 시간을 상대에게 기꺼이 건네주는 것이라고 말한다. 시간을 공유하는 사람들과 의미 있는 관계를 맺으며 살아간다. 만약 누군가와 함께 보내는 시간이 아깝게 느껴진다면, 그 사람이 내 일상을 침입해 시간을 훔쳐 달아나는 것처럼 여겨진다면 상대방을 사랑하지 않는다고 말할 수 있다. 또는 사랑하는 감정과 점점 멀어지고 있다는 것이다. 사랑하는 사람이 기다리고 있다는 것, 사랑하는 사람을 향해 내가 달려갈 수 있다는 것, 이런 사실들 덕분에 우리가 삶을 영위해나갈 수 있다고 한다. 사랑은 때로 가장 강력한 삶의 동력이 된다. 힘들고 어려운 순간 무너져내리지 않고 살아가게끔 하는 힘이 사랑이다. 진정한 사랑이란 내가 가진 소중한 시간을 상대에게 망설임 없이 건네주는 것이라고 말해주는 책이다.

[시간 관리 5가지 원칙]

1. 내 시간은 내가 책임진다
- 시간의 관리책임자는 나 자신이다. 연인 때문에 정작 내가 할 일(학업, 취업, 자격취득 등)을 못 하는 것은 바보짓이며 연인에게 탓을 돌리는 것은 비겁한 일이다.
- 연인에게 시간을 내어주되 그 시간에 대한 책임은 내가 진다.

2. 우물쭈물하지 마라
- 모든 일에는 적절한 타이밍이 있다. 혹여 잘못된 결정이라면 나중에 바로 잡으면 된다. 우물쭈물하다 보면 선택할 기회도 생기지 않는다.
- 연인에게 너무 오래 기다리게 하지 마라. 그러는 사이 기회는 사라진다.

3. 우선순위를 정한다

- 중요한 일을 먼저 구분해라. 연인과의 관계는 중요하다. 개인의 삶과 건강 또한 중요하다.
- 시간은 한정되어 있다. 연인과 함께 중요한 일을 구분하기 위해 시간표를 만들어보자.

4. 계획에 맞춰 행동한다

- 매일의 시간을 구성하는 일은 꼭 필요하다.
- 연인과 사용할 시간을 구체적으로 함께 계획하고, 그 계획을 함께 실행하자.

5. 남(연인)에게 과감히 맡긴다

- 모든 일을 내가 해내려고 하지 말고 더 잘하는 사람에게 맡겨라.
- 연인의 능력을 믿고 시간의 효율을 높일 수 있다.

(출처 : 알렉 맥겐지(Alec Mackenzie)의 《시간함정(The Time Trap)》 인용)

시간 관리의 5가지 원칙에 따라 사랑하는 사람과의 시간을 사용해 보자.

02

이대로의 모습으로 사랑하기

#01. 현재의 것에 감사하는 마음

경훈 씨는 분위기 메이커다. 사람들과 만나서 이야기하는 것을 좋아하고 즐겁게 생각한다. 간혹 모임에 참석하지 않으면 빨리 오라는 성화에 늦게라도 참석해야만 되는 인기쟁이다. 사람들을 만나 하고 싶은 것이 많아서 하루 24시간이 부족하다. 어떤 모임에 가도 그의 대화 주제는 무궁무진하다. 경훈 씨는 즐겁고 재미있는 모임을 선호한다. 무겁고 어두운 분위기가 어렵고 경직된 회의나 장소는 매우 불편하게 생각한다. 그렇기에 때로는 분위기에 맞지 않는, 지나치게 유쾌한 분위기를 만들려고 해서 빈축을 사기도 한다. 이성에 대한 관심도 많고 편하면서 가볍게 만나는 이성 친구도 여럿 있다. 경훈 씨는 언어표현을 좋아하고 정신적인 교류를 추구하기 때문인지 이성의 목소리와 말에서 성적인 매력을 느끼기도 한다.

경미 씨는 남자친구인 경훈 씨를 만나면 웃게 되고, 밝고 즐거웠다. 호기심 많은 남자친구는 매일 이슈가 있다. 퇴근하고 만나면 그는 자연스럽게 일과를 말한다. 출근해서 마신 커피 브랜드와 사이즈는 물론 점심 식사를 위해 들렀던 식당 인테리어까지 남자친구의 이야기는 헤어지기까지 본인의 이야기로 끝이 없다.

경미 씨는 경훈 씨를 만나면 유쾌해서 좋았다. 만날 때마다 새로운 데이트 코스로 이벤트를 해주었다. 그런데 요즘 고민이 많다. 시간이 지나도 더 가까워지는 느낌이 생기지 않는다. 경훈 씨는 경미 씨에 관한 관심이 없어 보인다. 함께 만난 친구 커플에게 자신보다 더 많은 관심을 주는 것 같아 속상하다. 가끔은 차갑게 느껴지기도 한다. 재미있고 활기찬 경훈 씨가 자신을 사랑하는지에 대한 의문이 든다.

경훈 씨는 몰랐던 것을 알게 정보들을 다른 사람에게 말하는 것이 즐겁고 좋다. 그리고 원하는 주제에 대하여 즐겁게 대화하고 토론할 때 만족을 느낀다. 혼자 하는 것보다는 누군가와 같이하는 것을 굉장히 좋아하고 새로운 사람, 새로운 방식, 새로운 경험에 늘 마음을 열어 놓고 있다. 연애를 하면서도 파트너보다 다양한 사람들에 관심이 많다. 처음에는 연인을 만나면 재밌고 유쾌한 느낌을 주지만 시간이 지나면서 불편한 상황이거나 다툼이 생길 때 연인의 감정을 잘 읽지 못한다. 또한 다른 것에 쉽게 정신이 팔리는 모습을 보여서 믿을 수 없는 사람이라는 느낌을 전달하기도 한다.

경미 씨는 경훈 씨의 다른 곳을 향하는 모습이 몹시 못마땅하다.

현재의 것으로도 충분한데 왜 감사하지 못하는지 모르겠다.

'자신이 부족해서 그런가.'라는 고민이 생기기도 한다.

경훈 씨가 자신에게 만족하지 못해서 다른 즐거움을 찾아 헤매는 것만 같다.

경미 씨는 연인 관계를 오래 유지하고 싶다.

하지만 경미 씨를 사랑한다고 말하는 그의 진심이 느껴지지 않는다.

지금 이대로의 모습으로도 충분히 감사하고 사랑한다고 말해주기를 바란다.

#02. 감사하는 고슴도치

고슴도치 몸길이는 25~30cm이다. 우리나라 포유동물 중에서는 유일한 가시털을 가진 동물이다. 다른 동물들에게 해를 끼치지 않는 야행성이다.

몸에 있는 가시털은 나를 지키기 위한 도구일 뿐이다. 적을 만났을 때는 몸을 말아 가시로 자신을 보호한다. 가시털은 자신을 방어하는 수단이다.

도치는 순한 남자예요.

거친 가시를 가진 외모 때문인지 제대로 된 연애 한 번 못 하고 외롭게 지내고 있어요.

어쩌다 소개팅에 나가도 애프터는 고사하고 커피 한 잔의 여유도 못 누리고 소개팅을 마칠 때가 많았어요.

도치는 어떻게 해야 여자친구가 생길지 고민이 많아요.

엄마에게 물었더니 너는 잘 생겼으니 걱정 말라고 하세요.

기다리다 보면 여자친구는 생기는 거래요.

앞집에 사는 친구에게 물었더니 열심히 노력하면 된대요.

아무도 고민을 해결해 주지 않아요.

순한 남자 도치는 외로운 마음을 달래려고 강변을 산책해요.

잔잔하게 흐르는 물을 친구삼아 파릇파릇 돋아나는 새싹들이 너무도 예뻐 보여요.

한참을 걷다 보니 어딘가 낯익은 얼굴이 있어요.

초등학교 때 같은 반 친구, 귀여운 여우 프리티예요.

도치는 반가운 마음에 이름을 불러보았어요.

여우 프리티는 도치를 단번에 알아보았어요.

반가운 마음으로 함께 강변을 산책했어요.

다음날 도치와 여우 프리티는 산책을 위해 강변에서 다시 만났어요.

주말마다 강변에서 만나 함께 걷기로 약속했어요.

다시 만난 도치와 여우 프리티는 제법 이야기가 잘 통해요

순한 남자 도치와 귀여운 여우 프리티는 좋은 친구가 되었어요.

엄마가 말한 대로 기다리다 보니 여자친구가 생긴 거예요.

도치는 엄마에게 고맙다고 했어요.

앞집에 사는 친구에게도 고마움을 표현해요.

열심히 노력하면 된다고 말해주었기 때문이에요.

순한 남자 도치는 귀여운 여우 프리티에게도 말해요.

가시털을 가진 자신을 좋아해 줘서 고맙다고요

귀여운 여우 프리티는 뾰족뾰족 몸에 난 가시털이 매력 포인트라 좋다고

해요

뾰족이 가시를 매력이라고 말해주는 귀여운 여자친구가 한없이 사랑스러

운 순한 남자 도치예요.

#03. 사랑을 위한 감사하는 내 마음 돌보기

1. 오늘 감사한 일은 무엇인가요?

2. 그것은 나에게 어떤 의미인가요?

3. 나에게 가장 소중한 것은 무엇인가요?

4. 감사는 왜 필요하다고 생각하는가요?

5. 연인에게 감사한 일은 무엇인가요?

6. 연인에게 감사한 표현은 어떻게 하나요?

7. 감사 표현으로 얻은 것은 무엇인가요?

#04. 감사 나눔의 기적

《감사 나눔의 기적》

김남용 지음 / 비전북

http://www.yes24.com/Product/Goods/97912583

'감사 나눔'이란 감사 내용을 적고, 감사 대상에게 소리 내어 읽어주는 것을 말한다.

자신의 감사 내용을 기록하는 것의 일기와는 조금 다르다. 감사를 쓰는 것에 그치지 않고 상대에게 읽어줌으로써 그 효과를 증가시키는 것이다. 상대에게 감사의 내용을 읽어줄 때 그 효과는 2배에서 3배로 행복의 감정은 증가한다. 감사 내용을 상대에게 나눔으로써 따뜻한 반응이 증폭되는데 이것이 바로 '나눔'이다. 사랑하는 상대에게 무조건 감사를 나누라.

감사는 부정적인 감정을 줄이는 데 많은 도움이 된다. 결국 감사는 나를 지키는 것이다.

감사 마음 알아보기

◎ 문항을 주의 깊게 읽고, 실제로 어떠했는지에 근거하여 가장 적절한 숫자에 ○표 하세요.

전혀 아니다	약간 그렇다	어느정도 그렇다	상당히 그렇다	매우 그렇다
1	2	3	4	5

1. 나는 내 인생에서 많은 축복을 받았다.	1	2	3	4	5
2. 나와 함께하는 연인에게 항상 감사를 전한다.	1	2	3	4	5
3. 내 생애 동안 내가 받은 것들에 대해 감사한다.	1	2	3	4	5
4. 나는 매일 깊은 감사를 느낀다.	1	2	3	4	5
5. 내 삶을 돌이켜볼 때 감사해야 할 일들이 많다.	1	2	3	4	5
6. 평소에 연인의 도움이나 보살핌에 대해서 감사함을 잘 느끼고 감사의 표현을 잘하는 편이다.	1	2	3	4	5
나의 점수				_____점	

♤ **결과해석**
06~09점 : 감사능력이 부족한 상태입니다. 적극적인 노력이 필요해요.
10~20점 : 감사능력이 보통 수준이므로 계발을 위한 노력이 필요합니다.
21~25점 : 상당한 감사능력을 지니고 있으므로 강점을 계발하시기 바랍니다.
26~30점 : 매우 탁월한 감사능력을 지니고 있어요. 대표 강점으로 계발하시기 바랍니다.

03

응원하고 지원하면 사랑은 단단해진다

#01. 온 마음을 집중해 바라보기

많은 심리학자에 따르면 사랑의 감정은 3개월이면 사라지고 길게 보아도 3년을 넘지 못한다고 한다. 아무 이유 없이 그와 행복할 수 있는 기간이 고작 길어야 3년이란다. 그 기간에는 원하는 것들이 충족되지 않아도 사랑의 감정이 지배하고 있기에 충분히 행복할 수 있다. 사랑하는 연인과 사랑의 감정 유효기간이 끝날 때마다 다른 이성을 찾아 떠날 수도 없고 참 어려운 일이다. 노력하지 않아도 되고 두 사람이 크게 애쓰지 않아도 끌리는 사랑의 감정으로 자석처럼 찰싹 붙었다. 그 후에도 아주 오랫동안 유지하기 위해서는 어떻게 해야 할까. 사랑의 감정이 어느 날 갑자기 없어지거나 변하지는 않는다. 연인과 깊은 관계를 유지하기 위해서는 노력이 필요하다. 연인을 처음 만나 아직은 잘 알지 못하고 마냥 설렘이 일렁일 때부터 서로를 위해 어떻게 보내느냐가 두 사람의 미래가 결정된다 해도 무리가 없다. 연인과 오래도록 좋은 관계를 유지하기 위해 어떤 노력을 해야 하는지 네 가지로 이야기해 본다.

첫째, 사랑한다고 해서 무조건 돌진하지 말자.

상대의 마음의 속도를 맞추는 것이 먼저이다. 대책 없이 달려들면 상대는 부담감으로 멀어지려 한다. 연인과 마음의 속도를 맞추어 걸어가 보자.

둘째, 연인의 행복 코드를 살피자.

사랑하는 사이라고 해서 늘 똑같은 데이트 패턴을 보인다면 만남에 대한 기대감을 갖기 어렵다. 어떻게 할 때, 무엇을 할 때, 어디에 있을 때 즐겁고 행복한지, 서로가 원하는 것은 무엇인지를 많이 찾아낼 필요가 있다.

셋째, 연인의 쉼 코드를 이해하자.

힘이 들고 스트레스를 받았을 때 하는 행동이 연인이 원하는 가장 편안한 쉼 코드이다. 핸드폰을 꺼두고 동굴로 들어가기도 하고 등산이나 자전거를 타기도 한다. 마음이 풀릴 때까지 말하기, 맛있는 음식 먹기 등 쉼을 갖는 방법은 모두 다르다. 사랑하는 사람이 원하는 편안한 쉼을 갖도록 시간을 주자.

넷째, 연인의 발전을 지원하자.

사랑의 감정을 오랫동안 유지하고 깊은 관계를 위해서는 연인의 발전을 지원해야 한다. 사랑한다고 해서 둘만의 시간에 모든 것을 올인하게 되면 후회는 정해진 일이다. 사랑하는 사람의 필요를 지원하는 일은 사랑의 열매가 된다. 자격증을 취득하기 위해 공부를 한다거나 취미활동, 자기계발을 위한 배움의 기회를 만들어 주고 도와주는 일이다. 서로의 발전을 응원하고 지원하면서 사랑은 더욱 깊어지고 단단해진다.

연인의 마음에 들고자 노력하는 것이 아니라, 연인이 무엇을 필요로 하고 원하는지 마음에 귀를 기울여 주자.

#02. 경청하는 사슴

사슴의 몸 크기를 보면 제일 큰 것은 말만큼 크고, 작은 것은 큰 개만 한 고라니 따위도 있다. 뿔은 한 살이 되면 가지가 없는 뿔이 돋아나고, 두 살이 되면 몇 개의 가지로 갈라지면서 나이가 들수록 계속 늘어난다.
사회생활을 좋아하고 겨울에는 때때로 무리를 이룬다.
성질이 온순하며 겁이 많다. 순 초식성이다.
새끼는 1회에 한 마리를 낳는다. 드물게 두 마리를 낳기도 한다.

멋진 남자 사슴 씨와 사랑스러운 여자 뱁새 씨는 이웃으로 살았다.

사슴 씨는 일찌감치 독립한 남자다.

뱁새 씨는 엄마, 아빠와 함께 살던 따뜻한 집에서 나와 혼자만의 생활을 이제 시작한다.

사슴 씨는 어른이 되어가고 있다.

이마에 멋진 뿔이 돋아나면서 개성 넘치는 남자의 모습을 갖추어간다.

자신보다 멋진 뿔을 가진 사슴을 보면서 나도 저렇게 멋진 모습을 갖고 싶다는 꿈을 갖는다.

옆집에 사는 뱁새 씨는 엄마, 아빠의 사랑을 듬뿍 받는 딸이다.

재잘재잘 조잘조잘 뱁새 씨네 가족들은 언제나 활기 넘친다.

아직은 어린 딸을 홀로 남겨두고 가야 하는 엄마, 아빠는 걱정이 많다.

어린 딸 뱁새 씨가 혼자 잘 해낼 수 있는지 묻고 또 묻는다.

혼자 두고 떠나기 아쉬운 엄마, 아빠다.

사슴 씨는 콧노래를 부르며 새로운 집을 가꾸고 미래를 준비하는 일에 집중하며 하루하루가 즐겁다.

사슴 씨와 뱁새 씨는 우연히 마주쳐 어색하게 인사를 나눈 뒤 이웃으로 가끔 만나 이야기도 나누는 사이가 되었다. 대화가 잘 통하는 사슴 씨와 뱁새 씨는 앞으로의 날들에 희망을 품으며 기대와 꿈으로 가득하다.

늘 평온하기만 할 것 같고 희망이 가득할 것만 같은 사슴 씨와 뱁새 씨의 마을이다. 그렇게 평화로웠던 어느 날, 비바람이 불고 태풍이 불었다. 거친 빗방울과 천둥·번개는 뱁새 씨를 불안하게 만들었다. 결국 어디선가 날아온 나뭇가지가 뱁새 씨 집을 덮쳤다. 두려움에 떨던 뱁새 씨는 멋진 남자 사슴 씨를 찾아갔다.

사슴 씨는 따뜻한 담요를 내주며 둘은 서로 아무 말 없이 비바람이 그치길 기다렸다.

비바람이 그치고 망가진 뱁새 씨의 집을 정리하면서 둘은 더욱 가까워졌다.

사랑스러운 뱁새 씨는 사슴 씨의 작은 뿔 위에 앉는 걸 좋아했고, 사슴 씨는 뱁새 씨와 하늘을 바라보는 걸 좋아했다.

둘은 점점 어른이 되어가고 있었다.

뱁새 씨는 비바람이 불던 날 말하지 않아도 곁을 가만히 지켜준 사슴 씨가 듬직하고 좋았다.

멋진 남자 사슴 씨는 가장 힘든 순간 자신을 찾아와준 뱁새 씨에게 마음이 쓰였다.

사슴 씨는 뱁새 씨의 마음을 주의 깊게 살펴주는 멋진 경청의 남자다.

뱁새 씨는 그런 그에게 따뜻함을 느낀다.

(출처 : 문종훈 글 · 그림, 《사슴 씨와 뱁새 씨》 인용)

#03. 사랑을 위한 경청하는 내 마음 돌보기

1. 나를 무조건 지지해주는 사람은 누구인가요?

2. 그 사람의 어떤 말과 행동이 나에게 힘이 되는가요?

3. 마음이 평온하다고 느낄 때는 하루 중 언제인가요?

4. 아직 해결하지 못한 관계의 아픔은 무엇인가요?

5. 연인과 소통이 불편할 때 어떻게 해결하나요?

6. 나는 연인의 마음에 귀 기울이고 있다고 어떻게 표현하나요?

7. 연인은 나에게 사랑의 표현을 어떻게 하나요?

#04. 경청

《경청》

조신영 · 박현찬 지음 / 위즈덤하우스

http://www.yes24.com/Product/Goods/2542803

들는 사람보다 말하는 사람이 훨씬 많은 현대사회에서 차분히 상대에게 귀 기울여 듣는 것이 위대한 소통의 지혜라는 것을 말한다. 들을 수 없는 병에 걸린 주인공이 자신의 독선적인 행동을 뉘우치고 마음을 얻어가는 이야기를 통해 경청의 소중함을 알게 해준다.

[경청 스타일 알아보기]

아래 항목을 읽고 자신의 경청 스타일을 설명하는 내용에 'ㅇ'를 표시하세요.

1. 상대방의 얼굴을 바라보며 눈 맞춤을 교환한다.
2. 상대방의 말을 들으며 고갯짓을 끄덕인다.
3. 상대방의 대화 내용에 따라 적절한 표정을 짓는다.
4. 상대방을 향해 몸을 기울이며 관심 있는 태도, 자세를 유지한다.
5. 상대방의 목소리 변화에 주의를 기울인다.
6. 상대방의 표정과 몸동작 등 비언어 메시지에 주의를 기울인다.
7. 상대방의 말에 맞장구를 넣어준다.
8. 상대방의 말을 요약, 반복, 질문하여 의사 표현을 촉진한다.
9. 상대방의 말에 지지, 인정, 격려의 말로 반응을 나타내 준다.
10. 상대방이 대화 시간의 70% 이상을 말하도록 만들어 준다.

결과 보기

1. ㅇ의 개수가 8개 이상 - 경청 능력 매우 우수

지지, 인정, 격려 등을 통해 상대방의 생각과 적극적인 반응을 나타내 주면 더더욱 좋은 대화를 만들 수 있다.

2. ○의 개수가 5~7개 사이 - 경청 능력 보통

다른 사람과 대화할 때는 상대방의 목소리 변화와 보디랭귀지에 관심을 두고 관찰해야 한다. 아울러 적절한 맞장구와 질문을 통해 상대방의 의사 표현을 촉진하여 주는 것이 중요하다.

3. ○의 개수가 4개 이하 - 경청 능력 미흡

열 가지 항목 중에 자신에게 해당하지 않는 내용이 무엇인지 살펴보고 경청 스타일을 고쳐야 한다. 가장 먼저 노력해야 할 사항은 적절한 눈 맞춤, 고갯짓, 표정이다. 다른 사람과 대화할 때는 상대방의 눈을 바라보고, 고개를 끄덕거리며 대화 내용에 적합한 표정을 유지해야 한다.

(출처 : 조신영 · 박현찬 지음, 《경청(마음을 얻는 지혜)》 중에서)

04

사랑하지만 외롭기만 하다

#01. 분노는 나의 힘

정희 씨는 퇴근하고 남자친구 용현 씨와 데이트를 즐긴다. 오늘 맡은 프레 젠테이션이 만족스러웠다. 기쁜 마음으로 그와 함께 식사하고 쉬고 싶다. 그 녀의 하루 일을 자세히 알고 싶은 용현 씨는 하나하나 궁금한 것에 대해 질문 을 던진다. 이런 용현 씨의 관심을 무시하듯이 정희 씨는 귀찮다는 한마디만 건네고 식사에 열중한다. 용현 씨는 계속해서 질문한다. 애교 섞인 말로 그녀 를 위로하려고 한다. 정희 씨의 태도는 점점 거칠어지면서 결국 짜증으로 폭 발했다. 용현 씨는 특별히 잘못한 것도 없이 정희 씨의 짜증과 마주하게 되었 다고 생각한다. 두 사람은 그리 유쾌하지 않은 저녁을 먹었다.

정희 씨는 평상시에는 사람들을 편안하게 해주고 배려심이 있다. 마음이 따뜻한 정희 씨는 친구들의 작은 것 하나하나 다 기억하는 꼼꼼함도 있다. 친구들과 작년에 함께 가서 먹었던 식당의 위치는 물론 식사 메뉴 그리고 가격까지도 정확히 기억하고 있는 '별걸 다 기억하는 여자'다. 예민한 편이어서 이것저것 가리는 것이 많다.

감정의 기복이 심하고 데이트할 때 히스테리가 가끔씩 나타난다. 그녀는 가장 가까운 용현 씨에게 힘든 삶을 위로받고 싶은 마음이 크다. 자신이 힘들 때는 토닥토닥 안아 주기를 원한다.

힘든 하루를 보내고 용현 씨와 식사를 하며 위로받길 원했지만, 그는 정희 씨의 일 처리에 더 관심을 두는 것 같아서 기분이 나쁘다. 마치 자신의 업무 능력을 평가하려고 하는 것처럼 느껴진다. 이것저것 알려주려고 하는 의도는 알겠지만, 조용히 잠시 쉬고 싶은 마음을 이해해주지 않는 그가 야속하다.

정희 씨는 감성적이고 예민해서 자신이 처한 환경의 분위기를 체크하는 데 에너지를 많이 쏟는다. 그래서 신경을 쓰고 피곤할 때가 많고 삶이 고단하게 느껴진다.

사랑하는 그가 곁에 있지만 외롭기만 하다.

정희 씨는 외로운 마음을 그에게 털어놓기가 어렵다.

용현 씨가 알아서 위로해주기만을 기다리고 있다.

힘들고 외롭게 느껴질 때면 아무에게도 나를 보이고 싶지 않다. 다 소용없는 짓 같다. 그래서 혼자 속으로 견뎌내는 것이 자신만의 분노의 표현이다.

화가 나면 폭발하듯 쏟아내는 사람들이 많다.

정희 씨는 감정을 겉으로 표현하기가 참 어렵다. 혼자 조용히 나를 살피는 것이 나의 분노를 표출하는 것이고 나를 돌보는 과정이다. 아주 가끔 퇴근 후 남자친구에게 폭발하는 것은 위로받고 싶은 욕구의 표현이다. 용현 씨가 유일한 내 편이라고 생각하기 때문에 투정을 부린 것이다. 그러나 정희 씨는 이마저도 잘하지 못한다. 불편한 감정을 조금이라도 내비치면 곧바로 후회되고 참지 못한 자신을 탓하기 때문이다.

#02. 무례하지 않은 늑대

늑대는 갯과 개속에 속하는 포유류다. 야생 갯과 동물 중 가장 크고 상징적인 동물이다. 지역에 따라 크기 차이가 크다. 북부 지방의 늑대들이 남쪽의 늑대들에 비해 덩치가 크다. 남쪽의 아라비아 늑대나 인도 늑대 등은 20kg 정도로 왜소하다. 북서부 늑대는 평균적으로 50kg 이상이며 80kg 정도의 개체가 보고된 적도 있다. 늑대는 아메리카 인디언에게 숭배의 대상이었던 영리하고 사회적인 동물이다.

숲속의 멋진 늑대 씨는 매우 지친다.

지친 늑대 씨는 노랑 모자 그녀에게 위로와 사랑을 받고 싶다.

지난달에는 사냥을 매우 잘해서 노랑 모자 그녀에게 격한 칭찬과 환호를 받았다.

그 칭찬이 계속 유지되기 바라는 마음에 늑대 씨는 부담감이 크다.

말로 표현하지는 못하지만 적어도 지난달만큼은 사냥의 결과를 내야만 할 것 같아서이다.

노랑 모자 그녀는 "자기야! 우리 이번 주말에 캠핑하러 갈까?"라고 묻는다.

지난달에 열심히 일한 늑대 씨를 격려하기 위한 제안이다.

그런 그녀의 마음을 알 리 없는 늑대 씨는 한가하게 놀자고 말하는 그녀가 못내 섭섭하다.

요즘 일에 파묻혀 힘든 자신을 위해 '위로와 사랑의 쉼을 제공한다면 얼마나 좋을까.' 하고 생각해 본다.

늑대 씨는 자신이 얼마나 힘든지를 그녀가 알아줬으면 좋겠다.

빨간 모자 그녀에게 조심스럽게 말한다.

"자기야, 다음 달에 캠핑가고 이번 주는 쉬면 어떻겠어?"

그녀의 반응은 생각보다 차갑게 돌아왔다.

"캠핑은 쉬러 가는 거 아니야?"

그녀는 일하러 가는 것이 아니라고 생각하기 때문에 당연히 늑대 씨가 좋아할 줄 알았다.

"이번 캠핑 준비는 내가 다 해볼게."

그녀는 늑대 씨를 위해 마음을 가라앉히고 말했다.

늑대 씨는 "캠핑이 무슨 쉬러 가는 거야? 준비하고 챙길 게 얼마나 많은데."라고 말한다.

늑대 씨는 자신이 얼마나 힘든지 알아주기만 해도 좋을 것 같다.

노랑 모자 그녀는 자기 생각만 하는 것 같다.

늑대 씨는 노랑 모자가 자기를 위해 쉼을 준비해 준다고 생각하지 못한다.

그동안 캠핑 준비는 자신이 했기 때문에 이번에도 자신이 해야 할 것만 같아서이다.

노랑 모자는 늑대 씨를 위해 정말 자신이 준비하려고 했는데 그녀를 믿지 못하는 그가 밉고 속상하다.

지난달 사냥을 잘해서 만족했지만, 더 좋은 결과를 위해 앞만 보고 달리는 늑대 씨는 자신의 삶이 외롭고 힘들게만 느껴진다.

그러나 노랑 모자 그녀에게 자신의 마음을 활짝 열어 보이지 않았다.

늑대 씨는 내일 노랑 모자 그녀를 만나 자신의 솔직한 마음을 말하기로 마음먹는다.

#03. 사랑을 위한 무례하지 않은 내 마음 돌보기

1. 연인이 나에게 어떤 예의를 지키길 원하나요?

2. 내가 생각하는 예의는 무엇인가요?

3. 연인이 나에게 무례할 때 나는 어떻게 하나요?

4. 예의를 지키지 않는 연인에게 무엇을 요구하나요?

5. 연인과 내가 나누는 예의는 무엇인가요?

6. 연인과 좋은 관계를 유지하는 데 무엇이 필요하다고 생각하나요?

#04. 심리학이 분노에 답하다

《심리학이 분노에 답하다》

충페이충 저 · 권소현 역 / 미디어숲

http://www.yes24.com/Product/Goods/112326359

사람들은 화를 내거나 꾹 참는 것 외에는 다른 방식을 모른다. 저자는 우리가 분노에 잘 대처하지 못하는 이유는 분노의 본질에 대한 이해 부족이라고 말한다. 분노는 나쁜 일이 아니라 자신의 분노를 잘 이해해야 한다고 한다. 분노를 이해한다면 변화를 이끄는 최고의 지름길이라고 한다.

[분노 조절 자가진단]

1. 성격이 급하고, 쉽게 화를 내는 편이다.
2. 온라인상의 게임, 가상현실 속에서 내 마음대로 되지 않아 화가 난 적이 여러 번 있다.
3. 분노를 조절하기 어렵고, 어떻게 해야 할지 잘 모른다.
4. 잘한 일은 칭찬받아야 하고, 그렇지 않으면 화가 난다.
5. 다른 사람의 잘못은 꼭 짚고 넘어가야 하며, 이로 인해 트러블이 생긴다.
6. 화가 나면 타인에게 거친 말이나 폭력을 가한다.
7. 분노가 쉽게 풀리지 않아, 우는 경우가 종종 있다.
8. 잘못에 대한 책임을 타인에게 돌려 탓한 적이 있다.
9. 화가 나면 주위 물건을 집어 던지는 경향이 있다.
10. 다른 사람이 나를 무시한다고 느끼고, 억울한 감정이 자주 든다.
11. 화를 조절하지 못해 일을 망친 적이 있다.
12. 일이 잘 안 풀리면 문제를 해결하기보다 쉽게 포기하고 좌절감을 느낀다.

* 1~3개 해당 : 어느 정도 감정조절이 가능한 단계

* 4~8개 해당 : 감정조절 능력이 약간 부족한 단계

* 9개 이상 해당 : 분노 조절이 힘들고 공격성이 강한 상태로, 전문가와 상담이 필요한 단계

자신의 감정표현을 스스로 조절하기 어렵다면 본인이 생각하는 것 이상으로 연인이나 가족이 힘들 수 있음을 기억해야 한다. 감정조절을 하기 힘든 것은 단순히 자신의 기질적 특성이나 성격이라고 생각할 수 있다.

그러나 분노 조절을 스스로 할 수 없다면 정신질환적인 문제와 관련되는 경우도 많다.

05

사랑에 충실한 것이 사랑을 지키는 힘이다

#01. 진실된 것을 지키는 힘

사랑을 하고 사랑을 받는 일은 행복한 일이다. 그중에서 이성에 대한 사랑의 감정이 생기고 그 감정으로 누군가와 친밀한 관계를 형성하는 일은 살아가면서 의미 있고 중요한 일이다. 인기 있는 노래 가사 중에 '사랑은 필수, 결혼은 선택'이라고 했다. 누군가에게 설레는 감정을 '썸'이라고 하던가? 내가 누군가에게 관심이 생기게 되면 그의 마음이 궁금해진다. 상대도 나에게 호감의 감정이 있는지 말이다. 감기와 사랑은 숨길 수 없이 드러난다고 한다. 정작 본인은 꼼꼼히 숨겨 놓은 것 같고 아무도 눈치채지 못할 것만 같다. 하지만 나도 모르게 그를 향한 눈빛과 긴장감이 도는 어색한 말과 행동들을 통해 주변 사람들은 이미 다 눈치채고 있는 상황이 연출되기도 한다.

좋아하는 누군가가 생기면 어찌 되었든 관심이 표현된다.

그 호감 시그널은 남자와 여자의 성별과 개인의 성격마다 다르다. 남녀가 같은 마음으로 같은 시점에서 사랑이 시작되면 좋겠지만 둘 중 한 사람이 먼저 사랑이 시작되고 연애를 위한 호감 시그널을 보낸다. 행동으로 나타나는 마음을 행동심리학적 관점으로 알아볼 수 있다. 그의 몸이 나를 향해 있고 몸을 기울인다. 눈이 자꾸 마주친다. 상대가 말이 많아지고, 잘 해주려 하고, 배려가 있다면 긍정의 호감 시그널로 보면 된다.

연애에서 호감 시그널은 관심을 받고 있는 내가 가장 먼저 알아차린다. 느낌으로 다 안다. 그가 나를 좋아하고 관심이 있는지를 말이다. 그의 마음을 잘 모르겠으면 느껴지는 내 마음을 기초로 그와의 연애를 시작해도 크게 무리가 없다. 다만 관계에서 일방적인 것은 없으니 상대와의 조화를 이루이 가면서 진행해야 한다.

어떤 관계이든 평등을 원칙으로 하지만 갑과 을은 존재할 수밖에 없다. 먼저 사랑을 시작한 사람이 힘의 원리에서 더 열등할 것 같지만 사랑의 에너지를 뿜어낸 사람이기에 이 사랑의 진짜 갑은 그 사랑을 시작한 사람이다. 주도적으로 그 사랑을 이끌어 갈 수 있다. 사랑에 집중하고 진심이 전달되도록 노력했으며 그 사랑이 오래도록 유지하기 위해서 노력했다. 노력하지 않고 얻어지는 결과보다 땀 흘려 수고하고 얻은 열매는 더욱 달콤하다. 달콤한 사랑의 열매를 맛보는 참 사랑꾼이 바로 사랑의 갑이다. 사랑을 누군가 먼저 시작했든 간에 우리는 어느 순간 한마음이 되고 함께 이루어 가고 있다.

사랑은 필수라고 한다.

선택 항목인 결혼이라는 부담을 내려놓고 행복한 사랑을 시작하자.

진실한 사랑은 그 사랑에 충실히 하는 것이다.

사랑에 어떠한 목적을 두는 것은 그 사랑을 지키는 힘을 잃어가는 것이다.

사랑은 결혼을 위한 과정이 아니다.

사랑은 사랑으로 충분한 의미가 있고 사랑 이대로 충분하다.

사랑에 충실한 것이 사랑을 지키는 힘이다.

#02. 진실한 코끼리

코끼리는 거대한 몸통, 긴 코, 기둥 같은 다리, 커다란 귀, 머리가 큰 동물이다. 큰 덩치에 비해 성격이 온순하여 사람들에게 길들여져서 가축으로 사육되기도 한다. 지능은 약 75 정도로 매우 높은 동물이다. 인간의 지능에 매우 가깝다. 모계 중심의 무리를 형성하고 가족이 죽었을 때 추모행위를 하는 사회성 있는 동물이다.

꼬맹이 코끼리는 이번에 집 근처에 작은 카페를 오픈했다.

몇 년을 취업준비생으로 노력했지만, 결과를 내지 못하면서 진로를 변경했다.

취미로 바리스타 자격을 취득해 놓았던 것이 카페 오픈을 하고자 마음을 먹는 계기가 되었다.

꼬맹이 코끼리는 이제 어엿한 사회의 일원이 된 것처럼 뿌듯하다.

카페를 어떻게 꾸려나가야 할지 막연한 불안감도 있지만, 자신을 믿고 열심히 도전해 보려고 한다.

취업 준비를 위해 다녔던 학원 동기들이 하나둘 찾아와 축하와 격려를 한다.

부러움과 걱정 섞인 조언을 해주는 든든한 친구들이다.

꼬맹이 코끼리는 손님들이 좋아할 메뉴를 개발하고 결정하는 데 친구들의 힘을 많이 빌린다.

친구들은 내 일처럼 신메뉴에 솔직한 평가를 해주고 가게의 친절 서비스에 관한 조언도 아낌없이 해준다. 꼬맹이 코끼리는 친구들이 정말 고맙고 좋다.

어설프고 부족한 자신이 카페를 열었을 때 친구들이 재능기부로 자신을 위해 마음을 다해 도와준 것에 고마운 마음이 크다.

꼬맹이 코끼리는 어엿한 사회의 일원이 이미 되어 있었다.

정작 그걸 모른 것은 자기 자신이었다.

연이은 취업 실패로 세상에서 쓸모없는 부족한 존재라고 생각했던 적이 있다.

카페 창업을 하면서 그동안의 시간이 헛된 것들이 아니라는 것을 알게 되어 더욱 소중하다.

성공을 하든 실패의 연속이든 우리는 세상에 꼭 필요한 존재다.

세상에 존재하는 것으로도 충분한 의미가 있는 것이다.

꼬맹이 코끼리는 지금도 충분히 잘살고 있다.

카페운영을 성공적으로 하면 기쁜 일이다. 혹여 그렇지 못한 결과가 생기더라도 다시 도전하면 된다. 성공은 무엇인가를 이루어낸 결과물이 있어야 한다는 편견을 벗고 과정에 충실한 것이 성공된 삶이다.

꼬맹이 코끼리는 이제 관계의 성공에도 결과가 아닌, 함께 이루어나가는 과정에 의미를 두며 진실한 자신의 것을 내어놓을 수 있다.

#03. 사랑을 위한 진실한 내 마음 돌보기

1. 평소 나는 내 마음에 솔직한가요?

2. 연인과 나는 서로 진실하게 사랑하나요?

3. 연인과의 사랑이 나에게는 어떤 의미인가요?

4. 연인과 나는 무엇이 다른가요?

5. 연인과 나의 다름은 서로에게 어떻게 작용하나요?

6. 연인과 내 의견이 다를 때 나는 어떻게 반응하나요?

7. 바꿀 수 있다면 연인의 무엇을 왜 바꾸고 싶어 하는 것인가요?

#04. 쇼펜하우어 진실

《쇼펜하우어 진실》

최성배 지음 / 모아북스

http://www.yes24.com/Product/Goods/2298169

비극적이고 염세주의자 철학자로 쇼펜하우어를 떠올리는 사람이 많다. 이 책은 쇼펜하우어의 철학을 새롭게 살펴본다. 19세기 젊은이들의 정신적 지주인 철학자 쇼펜하우어는 인간은 행복해지기 위해 어떤 고통도 감수할 수 있는 인간적 힘에 대한 신뢰에서 비롯되었다고 말한다.

힘들고 외로운 어린 시절을 보내고 청년 시절 또한 세상에서 고독하게 살았던 그는 노년의 시기에 비로소 철학자가 된다. 비극적인 그의 성찰 속에서 떠오르는 행복의 추구, 풍부하고 알찬 잠언들이 담겨있다.

[삶을 더 행복하게 하는 자기 암시법 12]

1. 나는 나의 가장 좋은 친구다.
2. 나는 꿈을 이루기 위한 시간, 에너지, 지혜와 돈을 충분히 가지고 있다.

3. 나는 지금의 자리에서 최고의 능력을 발휘하고 있다.

4. 나의 꿈은 가장 알맞은 때에 알맞은 방법으로 실현된다.

5. 나는 중요한 20%에 집중하고 있다.

6. 나는 꼭 필요한 일은 그 자리에서 실천한다.

7. 나는 매일매일 발전하며 목표한 바를 끝까지 해내는 사람이다.

8. 나는 지금 최고로 행복한 삶을 누리고 있다.

9. 내 안에는 사랑과 풍요가 넘쳐흐른다.

10. 나는 늘 나에게 도움이 되는 선택만 한다.

11. 나는 모든 일이 술술, 다 잘되고 있다.

12. 나는 지금 이대로의 내가 너무 좋고, 더 좋은 나로 변화하고 있다.

(출처 : 긍정 확언 – Google Play앱)

06

사랑이란 이름은 언제나 불완전하다

#01. 두려움 직면하기

 남자와 여자가 만나 헤어지지 않고 끝까지 오랫동안 유지하는 일은 순탄치 않다. 결혼이라는 굴레 속에서 사랑했다, 미워했다, 증오했다 다시 사랑하다 를 반복한다. 이 과정에서 반복이 아닌 어느 지점에서 이혼이라는 결말을 맺 기도 한다. 사랑이라는 이름으로 누군가를 만나고 한사람과 오랜 시간을 보 낸 중년의 사람이라도 사랑을 찾아 헤매기는 젊은 사람들과 다를 바 없다. 사 랑이란 이름은 언제나 불완전하다. 사랑이 움직일까 봐 변할까 봐 두려워할 필요가 없다.

 사랑의 열매는 결혼이라고 하던 시절은 이제 옛말이다. 사랑한다고 해서 반드시 결혼할 필요는 없다. 결혼은 반드시 사랑하는 사람과 하는 것은 틀림 없다. 계산기를 두드려 결혼해 일시적인 만족감을 얻을 수 있지만, 사랑 없이 정상적인 결혼생활을 오랫동안 유지할 수는 없다.

다음 주에 결혼식 예정인 커플이 상담실을 찾아와 결혼식을 연기하던가 취소하고 싶다고 찾아왔다. 예식을 준비하면서 보인 태도에서 자신을 사랑하지 않고 계산적인 모습이 너무 많이 보여 실망했다는 이야기다. 상담사 앞에서 진짜 사랑하는지 확인을 받아야 예정된 대로 결혼을 할 수 있다고 했다. 앞으로 이기적이고 계산적인 모습을 더는 보이지 않겠다는 다짐도 요청했다. 서로의 직업이나 처한 환경에서 최상의 조건을 가진 사람을 만나 서둘러 결혼하려다 벌어진 일이었다.

어떤 상황에서 이성적인 판단이 먼저 작동하는 사람이 있는가 하면, 상황을 감정적으로 먼저 받아들이고 마음에 상처받지 않는 방법을 찾는 것으로 문제를 해결하려는 사람이 있다. 문제 해결에 성향이 다를 수 있다. 자기도 모르게 머리가 먼저 작동하는 사람에게 가슴이 먼저 작동하도록 변하라고 아무리 요구해도 그렇게 되기는 어렵다. 머리가 먼저 움직이는 사람과 가슴이 먼저 반응하는 사람이 가정을 이룬다면 불편함을 앞서 가정의 균형감을 갖는데 도움이 될 수 있다.

결혼을 앞둔 예비신랑·신부는 설렘과 두려움이 있다. 작은 것에도 의미를 두고 하나하나 따지면서 완벽함을 도모하려는 모습을 보인다. 이는 결혼생활이 실패로 끝날까 봐 걱정하는 두려움이 작용하기 때문이다. 모두가 느끼는 막연한 불안감이 힘이 되어 서로에게 위로와 따뜻함으로 가정이 뿌리내리는 에너지로 사용되기를 바란다.

사랑하는 연인과 함께하기를 마음먹었다면 너무 먼 미래를 걱정하지 말고 지금 현재의 모습 그대로 사랑하고 행복하면 좋겠다. 그것이 바로 성공한 사랑이다.

사랑하는 그 사람과 손을 잡고 출발한다고 해서 보장된 미래는 없다.

사랑의 힘으로 손을 잡고 같은 길을 걷는 행복을 마음껏 누리길 바란다.

#02. 담대한 족제비

족제비는 산림지대의 바위나 계곡에서 주로 생활한다. 수컷의 몸길이는 40cm, 무게는 1kg이다. 암컷은 몸길이 30cm, 무게 900g으로 몸은 길고, 다리는 짧다. 전국 어디에서나 쉽게 볼 수 있는, 몸집이 작은 동물이다. 작고 길쭉하며 귀여운 외모와는 달리, 자신보다 훨씬 큰 먹잇감도 너끈히 사냥한다. 일단 등에 올라타면 잡아먹을 수 있다.

날쌘돌이 족제비 씨는 달리기를 잘하는 남자다.

한번 달리면 최대의 속력으로 쌩~ 직진하는 스타일이다.

최대의 속력으로 달리지 않으면 중심을 잃고 쓰러질 수 있는 약점이 있다.

날쌘돌이 족제비 씨는 그러기에 적당히 달리지 않는다.

날쌘돌이 족제비 씨는 한번 시작한 일은 끝을 본다.

집중해서 그것만 향하고 온 신경이 그곳으로만 향한다.

여자친구 빠름이 족제비는 성격이 급하다.

말이 끝나기가 무섭게 벌써 움직이고 있다.

남자친구 날쌘돌이 족제비 씨와 여자친구 빠름이 족제비는 식사속도도 매우 빠르다.

산책할 때도 빠르게 걸어야 기분이 좋아진다.

둘은 생활습관과 태도가 너무 잘 맞는다.

눈빛만 봐도 알아차리고 즉시 행동하는 행동파이기도 하다.

둘은 겁날 게 없다.

쌩~ 하니 달려보고, 아니면 쌩~ 하니 다시 돌아오면 된다.

날쌘돌이 족제비와 빠름이 족제비는 의견이 부딪힐 때면 열렬히 싸운다.

싸운 후 화해도 빠르고 속 시원하게 뒤끝 없이 끝낸다.

둘 사이는 크게 불편함이 없다.

불편한 마음에 마주 서서 즉시 해결하는 둘은 관계를 유지하는 데 도움이
된다.

#03. 사랑을 위한 담대한 내 마음 돌보기

1. 나의 두려움은 무엇인가요?

2. 두려움이 내 삶에 어떤 영향을 미치나요?

3. 두려움을 이기기 위해서는 어떻게 하고 싶은가요?

4. 내가 두려워하는 그것의 원인은 무엇인가요?

5. 두려움을 이기기 위해서 나는 어떻게 하고 있나요?

6. 최근 두려움을 극복하고 해결한 일은 무엇인가요?

7. 두려움을 극복한 후 나에게 주는 의미는 무엇인가요?

#04. 두려움 치유

《두려움 치유》

리사 랭킨 저 · 박병오 역 / 샨티

http://www.yes24.com/Product/Goods/33620982

두려움에 관한 모든 것을 말하는 책이다. 우리는 언제 두려움을 느끼고 우리의 몸에서 어떻게 반응하는지, 생리학적으로 어떻게 작동하고 질병을 일으키는지를 담고 있다. 의사로서의 경험과 사람들의 많은 인터뷰 그리고 실험과 연구를 통한 과학적 증거를 토대로 두려움을 설득력 있게 들려준다.

[인생 곡선 그리기]

1. 태어나서부터 현재 그리고 미래의 자신의 상황을 생각하면서 수평선을 중심으로 ★을 표시한다.
2. 그다음 표시한 ★을 선으로 연결한다.
3. 표시한 ★의 삶을 생각해본다.

인생 곡선은 자신의 과거와 현재 및 미래의 모습을 표현한다.

자기 삶의 여정을 돌아보고 자신을 이해하는 시간이 된다.

행복의 점수는 변하는 것이 당연한 일이다.

지금 행복이 −점수를 보인다고 해서 인생이 −로 끝나는 것이 아니다.

이제부터 +점수로 향할 수 있다.

불확실한 미래에 대한 두려움에서 벗어나기에 지금의 나는 아무런 문제가 되지 않는다.

인생 곡선 그려보기

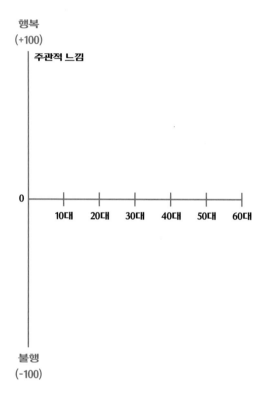

07

내가 지키고자 하는 것은 사랑인가?

#01. 유행에 내 삶을 좌지우지 않는다

젊은 부부가 자녀 문제로 상담실을 찾아오는 일이 많다. 남편은 아내의 이동을 돕기 위한 목적이지 결코 상담을 받기 위해 방문한 것이 아니다. 젊은 부부의 문제는 자녀, 또는 배우자와의 관계적인 문제가 크다. 자녀 문제의 총괄 책임자는 엄마, 즉 아내의 몫이 크다. 요즘은 아빠의 역할이 많아지기는 했다. 그래도 자녀가 어릴수록 아직은 엄마의 역할이 크고 양육에 관한 여러 많은 일을 해내는 것이 현실이다.

아이를 키운다는 것은 엄마 뱃속에서 "응애~." 하고 나오는 순간부터 많은 과제가 따라온다. 좋은 부모가 되고 싶은 것은 모든 부모의 소망이다. 아이가 태어나면 잘 먹이고 잘 키우기 위한 발달과 성장에 관심을 갖는다. 또래보다 발육이 더디거나 늦으면 걱정이 이만저만이 아니다.

아이가 청소년기가 되면 학업과 친구, 진로에 관한 것들이 부모의 관심사가 된다. 좋은 부모가 되고 싶지만 어떻게 해야 할지 난감할 때가 한두 번이 아니다. 이렇듯 자녀가 미성년일 때는 자녀로 인한 어려움이 부부에게 중요한 문제로 자리 잡게 된다. 요즘은 예전보다는 부부가 협력하려고 한다. 자녀의 성장기에 엄마, 아빠의 역할을 최선을 다해서 하려고 애쓴다. 혹 부부 둘만의 문제가 있더라도 웬만하면 아이 때문에 참아 보려고 한다. 불만족한 감정들을 억누르며 터질 듯한 감정을 품고 있기도 한다.

자녀가 있는 젊은 시절은 부부 둘의 문제가 있더라도 뒤로 미뤄두고, 감춰두고, 모른 척하면서 살아가는 일이 많다.

'애인 없는 사람은 불구'라고 하는 말이 있다. 이는 청년기의 당당하고 예쁜 사랑을 의미하는 것이 아니라 불륜의 우회적인 표현이다. 2020년 기준 경제협력개발기구(OECD) 회원국 중 우리나라가 이혼율 9위, 아시아에서는 1위다. 통계청에 따르면 대한민국에서는 하루에 약 300쌍의 부부가 이혼한다. 이혼 사유로 1위는 성격 차이, 2위는 경제적인 문제다. 평균 이혼 나이는 남자 50.1세, 여자 46.8세다.

결혼과 이혼의 사유는 다양하지만 빼놓을 수 없는 것이 사랑이다. 살다 보니 사랑이 변하고 움직여서 이혼을 택한다. 남녀가 결혼하고 이혼을 하는 것은 사랑하기 때문에 결혼하고 사랑하지 않기 때문에 이혼한다. 불혹의 나이를 지나 지천명의 나이가 되면 세상 이치를 다 알 것 같고 사랑 따위에 연연하지 않을 것만 같았다. 그러나 아무리 나이를 먹더라도 그 남자 그 여자가 나를 사랑해주기를 간절히 바라는 것은 숨길 수 없다. 누군가를 뜨겁게 사랑하고 싶은 마음 또한 그칠 수 없다. 부부가 이혼하는 것은 온갖 이유를 붙인다고 해도 내가 원하는 사랑을 배우자에게서 얻지 못하기 때문이다. 자신이 요구하는 그 무엇을 사랑의 이름으로 배우자가 채워 주기를 바란다.

자녀가 있는 젊은 부부이든 중년의 부부이든 세월이 흘러 사랑이 퇴색되어 헤어지고 싶은 순간은 온다.

연인의 평가에 내 마음이 흔들린다. 내가 지키고자 하는 것은 사랑인가? 자존심인가?

연인에게 만족하지 못하고 유행처럼 떠도는 내 마음은 사랑이 아니라면 무엇인가?

#02. 투지의 연어

연어는 민물에서 태어나 태평양, 대서양에서 서식하고 강과 바다를 오가며 사는 바닷물고기이다. 몸의 길이는 약 70∼90㎝이다. 알을 부화시키기 위해 민물로 거슬러 올라가며 거센 물살도 뛰어오른다.

동그란 눈 연어는 사랑스러운 여자다.

어릴 때부터 눈이 예쁘다는 소리를 많이 들었다.

동그란 눈 연어는 자신의 매력 포인트는 눈이라고 생각한다.

작고 사랑스럽고 애교도 많다.

그녀는 도움을 주는 사람이 되고 싶다.

누군가에게 도움을 줄 때 기분이 좋고 뿌듯한 마음이 든다.

동그란 눈 연어는 연애를 할 때도 남자친구를 도와주고 싶다.

아주 사소한 뭐라도 도와주고 싶다.

남자친구가 조금이라도 컨디션이 안 좋으면 그를 위해 정성을 다해 영양 있는 좋은 음식을 섭취할 수 있도록 애쓴다.

또 빨리 회복했으면 하는 마음에 온 신경이 남자친구에게만 쏠린다.

동그란 눈 연어는 정작 자신이 아플 때는 아무에게도 도움을 청하지 않는다.

부담을 주는 것 같아서 혼자만의 시간을 보내며 스스로 회복하려고 노력한다.

마음이 아프고 힘들 때도 맑은 눈 연어는 남자친구에게 말하지 않는다.

만남을 자제하고 힘든 일을 스스로 해결하려고 한다.

남자친구가 그런 동그란 눈 연어 때문에 속상해하는 것을 알고 있다.

그러나 힘듦을 말하고 도움을 받는다는 것이 더 불편하게 여겨진다.

누군가에게 도움을 받았던 기억이 별로 없다.

힘든 마음을 마음껏 표현할 때 넉넉히 받아주는 든든한 존재가 되고 싶다.
자신에게 와서 기대고 위로받을 수 있도록 힘을 기르고 싶다.

#03. 평가에 흔들리지 않는 내 마음 돌보기

1. 내 생각을 스스럼없이 표현하나요?

2. 연인과 식사 시 메뉴 제안은 어떤 방식으로 하나요?

3. 연인이 내 제안을 거절하면 어떤 생각이 드나요?

4. 연인이 나를 무시한다고 느껴질 때는 언제인가요?

5. 연인의 의견을 수용하지 않은 일은 무엇인가요?

6. 연인과 이견을 조율하기 위해 나는 어떤 노력을 하나요?

7. 연인의 긍정적인 혹은 부정적인 평가에 나는 어떻게 영향을 받나요?

#04. 평가받으며 사는 것의 의미

《평가받으며 사는 것의 의미》

지야드 마라 저 · 이정민 역 / 현암사

http://www.yes24.com/Product/Goods/89321430

저자는 작가이자 편집자로 심리학, 사회학, 철학 분야의 책을 만들면서 폭넓은 인문학과 문학을 섭렵했다. 이 책은 우리 일상에서 매일 누군가의 평가가 주어지는 것에 대한 흥미로운 탐구를 한다. 사람들은 타인의 좋은 평가를 받기 위해 보이지 않지만, 최선을 다하고 있다고 저자는 말한다. 누군가의 평가에서 오는 불안과 스트레스에서 벗어나 더 나은 사람이 되는 길을 인도하는 안내서다.

[스트레스 지수 알아보기]

0점 : 전혀 아니다   1점 : 거의 아니다   2점 : 가끔 그렇다

3점 : 꽤 자주 그렇다   4점 : 매우 자주 그렇다

☐ 예상하지 못한 일이 생겨서 기분 좋지 않았던 적이 얼마나 있었나?

☐ 중요한 일들을 스스로 통제할 수 없다고 느낀 적이 얼마나 있었나?

☐ 초조하거나 스트레스가 쌓인다고 느낀 적이 얼마나 있었나?

☐ 짜증 나고 불편한 일들을 성공적으로 처리 못 한 적이 얼마나 있었나?

☐ 생활 속에서 일어난 거대한 변화를 효과적으로 대처한 적이 얼마나 있었나?

☐ 개인적인 문제를 처리하는 능력에 대해 자신감을 느낀 적은 얼마나 있

었나?

☐ 자기 뜻대로 일이 진행된다고 느낀 적이 얼마나 있었나?

☐ 매사를 잘 통제하고 있다고 느낀 적이 얼마나 있었나?

☐ 통제할 수 없는 범위에서 발생한 일 때문에 화난 적이 얼마나 있었나?

☐ 어려운 일이 너무 많이 쌓여서 극복할 수 없다고 느낀 적이 얼마나 있었나?

스트레스 지수 테스트 결과

0~12점 : 정상 수준이므로 특별한 조치가 필요 없습니다.

13~15점 : 약간의 스트레스가 쌓여 있지만 심각한 수준은 아니므로 운동, 명상 등 스트레스 예방 행위가 도움이 됩니다.

16~18점 : 지속적인 스트레스를 받는 상태로 우울증, 불안장애 검사가 필요합니다.

19점 이상 : 스트레스를 과도하게 많이 받는 상태로 약물 처방 등 전문 치료가 필요합니다.

08

사랑은 존재만으로도 충분하다

#01. 나에게 한 약속 지키기

연애는 나와 잘 맞는 사람과 하는 게 좋을까? 나와 아주 많이 다른 사람과 하는 게 좋을까?

결혼은 어떠한가? 잘 통해서 잘 맞는 연인과 혹은 나와는 달라도 너무 다르지만 끌리는 연인, 둘 중 선택권이 오로지 나에게 있다면 어떻게 선택할 수 있을까? 통하는 사람과 살면 행복할 것 같기도 하고 다른 쪽으로 생각하면 나와는 너~무 다르지만, 매력적이고 끌리는 사람과 살면 행복할 것 같기도 하다. 이래도 후회, 저래도 후회는 정해진 이치다. 가보지 않은 길은 아름답다. 그래서 미련이 남는다고 한다.

나와 다른 끌리는 사람을 만나게 되면, "와~~우 멋있다! 우~~와 예쁘다!!!" 내가 갖고 있지 않은 것을 가진 사람, 이성이라면 나도 모르게 그에게 더더욱 끌리게 된다. 자석의 N극과 S극처럼 말이다. 불타는 뜨거운 연애를 하는 사람은 대부분 끌림에 주체할 수 없는 열정을 쏟아내게 된다. 사랑의 호르몬인 도파민이 샘솟듯 마구마구 분출하여 쏟아져 나온다. 관심 있는 그와의 스킨십은 옥시토신 분비를 촉진하게 되고 감정적인 교류를 가질 때도 사랑의 호르몬은 분비된다. 이유 없이 그와 같이 있기만 해도 행복하고 즐거운 끌림은 취미가 같거나 가치관이 같은 이른바 통하는 교차점까지 있다면 사랑스러운 연애는 더욱 질 좋은 관계로 나아간다.

결혼은 끌림의 사람과 하게 된다. 끌림이란 나도 모르게 끌어 당겨지는 자석의 원리다. 나와 다르기 때문에 매력을 느끼게 되고 그런 그를 만나면 즐겁고 행복하다. 이게 끌림이고 이런 끌림으로 결혼한다. 결혼의 진정한 의미는 서로 간의 부족함을 메워주는 것이다. 부족함을 메워주는 사이가 천생연분이다. 달라도 너무 다른 사람에게 이끌리듯 결혼을 하게 된다.

내가 갖지 못한 특성을 가지고 있기에 끌림으로 다가가지만, 내가 갖지 못한 열등을 상대에게서 보완하고자 하는 무의식이 작용하게 된다. 나의 부족을 채워줄 끌림으로 했던 사랑은 나의 욕구를 채우려는 인간의 나약함과 이기심이 불쑥불쑥 튀어나온다. 사랑이라는 이름으로 그 사람에게 내가 원하는 것을 얻으려고 하는 것은 아닌지 점검해볼 일이다. 지금 곁에 있는 사랑하는 대상은 나에게 행복을 안겨주는 사람이다. 존재만으로도 충분히 감사해야 할 대상이 분명하다. 나의 욕구를 채우는 도구가 되어서는 안 될 일이다.

끌림으로 시작한 관계가 안정이라는 성숙한 감정이 생겼다면. 그때 가정탄생을 위한 준비를 해도 좋다. 사람들은 콩깍지가 벗겨지기 전에 빨리 결혼을 하라고 부추기기도 한다. 뜨거운 열정의 사랑이 끝나면 현실적인 생활을 꾸려가기 위한 필요조건의 사람으로 계산기를 두드리기 때문일 것이다. 서로에게 내가 원하는 것을 강요한다. 애정을 평가하고, 상대의 모든 일을 일일이 조정해야 하고, 알아야 소통이 잘된다고 느낀다. 자신이 원하는 대로 충족되지 않을 때 상대를 비난하면서 관계를 전쟁터로 만든다.

사랑을 시작하며 나 자신에게 한 약속은 무엇인가?

그와 함께 하기만 해도 이 세상을 다 가졌다고 생각했던 때가 있었다.

그에게 불만과 불평이 생길 때 사랑을 시작하면서 느꼈던 내 마음을 돌아보기를 권한다.

#02. 책임 있는 독수리

독수리는 어두운 갈색 부리와 날카로운 발톱이 있다. 몸길이는 1~1.5m이다. 겨울 철새로 1973년에 천연기념물 제243호로 지정되었다. 부화하는 4개월이 지나면 날 수 있다. 덩치가 있고 대형 동물의 질긴 가죽을 뜯어야 하기 때문에 힘이 세다. 몸은 둔하고 성격이 온순해서 공격적이지 않다. 새끼가 실수로 둥지에서 떨어지기라도 하면 얼른 가서 받아주어 새끼가 안전하게 나는 법을 배우도록 부모의 책임을 다한다.

대머리독수리와 흰머리독수리는 연인이 된 지 1,000일이다.

대머리독수리는 아직도 설렌다.

이렇게 예쁜 여자가 나의 연인이라는 것이 꿈꾸는 듯이 좋다.

이상형의 그녀와 이제 더 좋은 인연으로 만들고 싶다.

그녀도 나와 같은 마음일지 조금은 걱정이 된다.

사랑하는 사이지만 너무 깊은 관계는 부담스럽다고 했던 말을 기억하고 있어서이다.

대머리독수리는 그녀와 삶을 함께하고 싶다.

즐거운 일이 있을 때는 함께 웃고, 슬픈 일이 생기면 서로를 위로하며 긴 인생을 함께하고 싶다.

그녀와 함께하고 싶은 마음에 서로의 월급에서 일정액을 매월 조금씩 모으기를 제안했다.

돈을 함께 모으는 것에 그녀도 동의했다.

대머리독수리와 흰머리독수리는 서로의 사랑에 확신이 생긴다.

평생의 좋은 친구라는 생각이 든다.

함께 낯선 곳을 여행하며 같은 추억을 만들고, 조금은 다름에 어색하고 불편하지만 서로의 가족들과 시간을 보내며 정을 쌓는다.

대머리독수리 가족들과 흰머리독수리 가족은 식성도 다르고 놀이문화도 다르다.

너무 다른 분위기에서 성장한 서로이지만 둘은 마음이 제법 잘 맞는다.

자신과 다른 연인의 가족들과 있으면서 그들의 다름을 익힌다.

사랑하는 연인을 알아가는 것 같아서 조금은 불편하지만, 오히려 기쁘다.

대머리독수리는 불편함이 많은 가족과의 시간일 텐데 노력해 주는 흰머리 독수리가 너무나 예뻐 보이고 사랑스럽다.

흰머리독수리는 자신의 가족들을 위해 최선을 다해주는 대머리독수리가 너무나 듬직해 보이고 멋있다.

선택한 사랑을 지키기 위해 책임 있는 행동을 하는 상대에게 더 큰 사랑을 느낀다.

#03. 사랑을 위한 책임 있는 내 마음 돌보기 위한 질문

1. 사랑을 지키기 위해 하고 싶은 것은 무엇인가요?

2. 그것을 하기 위해 무엇을 준비하고 있나요?

3. 가장 하고 싶은 것을 하면 연인과 어떤 변화가 생길까요?

4. 하고 싶은 것을 시작하지 못하는 걸림돌은 무엇인가요?

5. 연인과 관계에 걸림돌을 제거하기 위해서는 어떻게 해야 할까요?

6. 연인과의 약속은 잘 지켜지나요?

7. 사랑을 지키기 위해 내가 해야 할 것은 무엇인가요?

#04. 가벼운 책임

《가벼운 책임》

김신회 지음 / 오티움

http://www.yes24.com/Product/Goods/98473417

    저자 김신회는 세상 사는 데 요령이 없는 어른들에게 '틀린 길로 가도 괜찮아, 다른 걸 찾을 수 있을 테니까.'라는 위로의 메시지를 전한다. 이제 어른이 되어 도망치고 싶기만 한 현실에서 비로소 '나를 책임지며 사는 삶'에 책임감을 갖는 실천적인 글을 전한다. 책임감은 특별한 게 아니다. 오늘 하루, 하기로 한 일을 잊지 않는 것, 귀찮거나 싫어도 해보고 선택하고 결정한 일은 끝까지 마무리하는 것이라고 말한다. 피로와 권태에 짓눌리고 인간관계에 견디기 힘들고, 무조건적으로 희생하는 것만 같아 괜히 힘들고, 억울한 사람에게 기꺼이 감당할 수 있는 것들만 감당해도 괜찮다고 한다.

꽃씨를 거두며

도종환

언제나 먼저 지는 몇 개의 꽃들이 있습니다

아주 작은 이슬과 바람에도 서슴없이 잎을 던지는

뒤를 따라 지는 꽃들은 그들을 알고 있습니다

아이들과 함께 꽃씨를 거두며 사랑한다는 일은

책임지는 일임을 생각합니다

사랑한다는 일은 기쁨과 고통, 아름다움과 시듦, 화해로움과 쓸쓸함

그리고 삶과 죽음까지를 책임지는 일이어야 함을 압니다

시드는 꽃밭 그늘에서 아이들과 함께 꽃씨를 거두어 주먹에 쥐며

이제 기나긴 싸움은 다시 시작되었다고 나는 믿고 있습니다

아무것도 끝나지 않았고 삶에서 죽음까지를 책임지는 것이

남아 있는 우리들의 사랑임을 압니다

꽃에 대한 씨앗의 사랑임을 압니다.

2장 나는 그대를 사랑하는가

01

다툼은 인정에 대한 욕구

#01. 성급한 판단을 하지 않는다

누군가에게 그냥 관심이 생기고 눈길이 가고 온통 내 마음을 빼앗기는 순간이 있다. 사랑의 출발점이다. 이런 작은 설렘으로 연애를 시작했다. 이 세상에서 가장 친한 나의 친구. 같이 있으면 온 세상이 꽉 찬 느낌으로 세상 겁날 것 없는 나의 든든한 동지가 생겼다. 함께 하면 좋은 사람. 나와 성격이 너무나 잘 맞고 찰떡같이 내 마음도 척척 알아보는 영혼의 동반자적인 소울메이트가 생겼다.

연희 씨에게 소울메이트가 드디어 생겼다. 세상에서 이런 사람을 언제 또 만나겠나 싶을 정도로 너무도 좋은 사람이고 괜찮은 사람이다. 그와 평생을 함께하고 싶다. 그동안 연희 씨를 키우시고 지금까지의 삶의 많은 굴곡을 가장 잘 아는 엄마는 연희 씨가 정말 사랑하는 그를 좋아 해주고 기쁘게 동반자로 받아 줄 거로 생각했다.

서른이 훌쩍 넘은 연희 씨를 향해 엄마는 밥 먹듯 하는 말이 "시집가면 좋겠다."였다. 그렇게 엄마가 원하는 연애와 결혼은 곧 이루어 질 것만 같다. 직장동료의 소개로 그를 만나 알콩달콩 달콤한 연애를 시작한 지 1년여의 세월이 흘렀다.

연희 씨는 너무나 행복한 시간을 보내고 있다. 엄마는 연희 씨의 그를 보고 싶어 하셨고 집으로 초대했다. 그에 대해 모든 것이 궁금한 엄마는 설렘 반 걱정 반으로 그를 맞이하여 준비한 음식을 함께 나누었다. 서글서글한 그의 붙임성이 엄마는 맘에 드셨는지 싱글벙글 이야기꽃을 피웠다. 식사가 끝나고 엄마의 질문이 시작되었다. 직업은 무언가를 시작으로 부모님의 직업, 학력, 집안의 경제력에 대해 세세히 캐묻듯이 그에게 질문을 던졌다.

미소와 함께 그를 돌려보낸 후 엄마는 뜻밖의 말을 연희 씨에게 했다. 그의 흡족하지 못한 직업은 그의 재능과 사교적인 모습으로 어찌 이해해 보려 한다. 그러나 그의 부모님 직업과 집안의 경제력이 부족하기에 결혼은 하지 않기를 간곡히 원하신다고 했다.

속물 같은 엄마를 처음으로 알게 되었다.

연희 씨가 그동안 사랑하고 존경했던 엄마인가 싶을 정도로 그를 조건으로 평가했다. 엄마는 갖은 이유를 대면서 반대를 정당화하기 시작했다. 그럴수록 연희 씨는 그에게 미안함과 연민이 생겼다. 따뜻하고 자상하면서 무엇보다 연희 씨를 이토록 사랑해줄 사람을 다시는 만나지 못할 것 같은 마음에 사랑하는 마음은 점점 더 커져만 간다.

이 세상에서 나를 가장 사랑했던 엄마의 마음을 어떻게 돌려야 할까.

엄마는 딸을 통해 대리만족을 원하시는 것일까.

힘들지만 딸을 믿어 주고 격려하며 연희 씨의 사랑하는 마음을 수용해야 한다.

엄마의 안목에 우선 되어야 하는 것은 연희 씨의 사랑하는 마음과 판단을 인정해 주는 일이다.

#02. 분별력 있는 살쾡이

살쾡이는 고양이처럼 생겼으나 고양이보다 몸집이 크다.

삼림지대 계곡이나 암석층, 관목으로 덮인 산간 개울에 서식하며 표범 같은 몸 빛깔을 하고 있다. 몸길이는 40~110cm이다. 주로 야간에 활동하지만, 낮에도 먹이 사냥에 나선다.

살쾡이는 먹이를 쫓아가 어느 쪽에서 접근하는 것이 제일 좋은지 정확하게 분별한다. 먹이를 잡는 기회가 딱 한 번뿐인 것을 알기 때문에 최대의 기회가 언제인가 확인될 때까지 기다린다.

살쾡이 린에게는 오랜 친구 이슬이가 있다.

둘은 아주 어릴 때부터 마음이 잘 통하는 이성 친구다.

살쾡이 린은 자신이 관심 있는 이성이 생길 때마다 친구 이슬에게 조언을 듣는다.

그녀가 자신에게 관심 있는 것이 맞는지, 그녀의 관심을 얻으려면 어떻게 해야 하는지, 어떤 옷을 입고 어떤 말을 해야 좋은지를 일일이 코치 받는다.

그리고 진행되는 과정도 말하면서 잘하고 있는지도 물어본다.

이슬도 살쾡이 린에게 관심이 생기는 이성에 관해 어떻게 해야 할지 묻는다.

그 남자가 하는 행동이 진심인지 알아보고 싶을 때 물어본다.

이슬과 린은 설레는 서로의 연인이 생겨도 우정은 변하지 않기를 바라고 있다.

서로의 연애에 관심을 보이고 진심으로 잘 되기를 빈다.

린과 이슬은 이성 친구가 생길 때 선을 지키려고 애쓴다.

상대 연인에 대한 배려를 잊지 않으려고 한다.

언제나 든든한 친구로 남기를 바라며 우정을 키워나간다.

친구의 선을 넘으려 한다면 친구가 아닌 이성으로 관계를 분별할 필요가 있다.

#03. 그대를 사랑하는, 인정받고 싶은 내 마음 돌보기

1. 나는 언제 인정받는다고 느껴지나요?
2. 인정받는 느낌이 나에게 어떤 영향을 주나요?
3. 최근 누구에게 인정받았다고 느꼈나요?
4. 그 사람에게 나는 어떻게 표현했나요?
5. 나는 연인을 인정하는 표현을 어떻게 하나요?
6. 연인은 어떤 인정을 받길 원한다고 생각하나요?
7. 나와 연인은 상대의 인정표현에 만족한다고 생각하나요?

#04. 인정받고 싶어서 오늘도 애쓰고 말았다

《인정받고 싶어서 오늘도 애쓰고 말았다》

이혜진 지음 / 카시오페아

http://www.yes24.com/Product/Goods/115777237

타인에게 인정받고 싶은 욕구는 인간의 본성이다. 자연스런 본성의 욕구를 올바르게 충족시켜야 한다. 인정받고 싶은 마음 때문에 너무 힘든 우리에게 타인의 인정을 추구하는 마음을 버려야 한다고 이야기한다.

저자는 인정 욕구에 대한 편견이나 고정관념을 걷어내고 건강하게 인정 욕구를 충족시킬 방법을 현실에서 찾아야 한다고 말한다.

[매슬로의 욕구 단계]

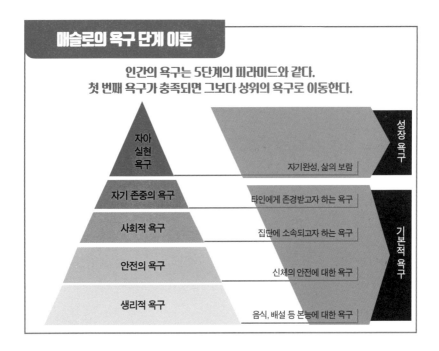

인간의 욕구는 아무리 풍족한 환경에서 생활을 하더라도 만족하지 못하고 계속해서 욕구가 생겨난다. 이런 욕구는 인간이 진보하는 원동력이 된다. 미국의 심리학자 에이브러햄 매슬로는 "인간의 욕구는 5단계의 피라미드와 같다."고 했다. 하위 욕구가 충족되면 그보다 상위의 욕구로 이동한다.

남녀의 연애 관계에서도 이 욕구는 작용한다.

사회적 욕구, 사랑하는 그 사람과 사랑을 나누고 너와 나를 넘어 우리가 된다면 자기 존중의 욕구, 연인에게 존중받고 사랑받고 싶은 욕구가 생긴다.

자아실현의 욕구, 사랑을 이루고 열매를 맺는 자기실현의 욕구가 있다.

우리는 잊지 말아야 한다.

사랑은 연인의 행복을 위한 것이 아니라 나 자신의 행복을 위한 것이다.

그러므로 연인은 나를 위해 기꺼이 함께해주는 존재이기에 그(그녀) 자체로 얼마나 고마운 존재인가.

02

진짜 의도와 감정 알기

#01. 말은 충분히 듣기

다연 씨는 인기쟁이다. 모임에서 통 큰 언니로 기분을 잘 낸다. 멋있는 언니로 통한다. 남편도 잘나가는 기업체 임원이다. 다연 씨가 운영하는 사업체도 이젠 제법 자리를 잡았다. 어디 하나 빠질 게 없는 부러움의 대상이다. 다연 씨가 모임에 나타나는 순간 카리스마가 그냥 뿜어져 나온다. 스스로 무언가 하지 않아도 다연 씨는 존재 자체로 멋있게 느껴진다. 이번 생일에 다연 씨는 행복한 여왕 같은 파티의 주인공이었다. 어딜 가도 대접받는 느낌이 들 때가 좋다. 남편과 함께 있을 때도 "당신이 최고야!"라는 말을 들을 때가 너무 좋고 모임에 나가서도 남편이 아내 자랑을 늘어놓을 때 '이 남자와 결혼을 잘했구나.'라는 만족감이 생긴다.

다연 씨는 사람의 무리 속에 있을 때 존재감이 생긴다. 북적거리는 사람의 무리 속에서 아주 잘 지낸다. 보스 기질로 의협심이 강하고 긍지가 높다. 샌 언니 포스를 보이기도 하지만 가끔 낭만적이기도 하고 여성스러움을 보일 때도 있다. 그렇지만 자존심이나 권력욕이 지나치게 높아 자신이 팀에서 가장 눈에 띄지 않으면 불만족스러워하는 전형적인 자기중심 타입이다.

다연 씨는 사람들의 환호를 받으면 살맛이 난다. 대범한 모습을 자주 보인다. 주인공 같은 당당함으로 존재감이 뿜뿜 나온다. 다연 씨의 존재를 인식시키려는 노력을 많이 한다.

남편 가족의 생일이나 기념일을 일일이 챙기면서 최고의 며느리고 폼 나게 대접받기를 원한다. 남편은 다연 씨가 어디 가서도 그녀다움으로 살 수 있도록 경제적인 지원을 아끼지 않는다. 사람들은 두 사람을 향해 부족하지 않게 모든 것을 다 가졌다고 말한다.

그러나 다연 씨는 남들에게 하지 못하는 말이 있다. 남편은 자신에게 경제적인 지원을 하면 그뿐이라고 생각하는 것 같다. 그녀에게 따뜻하고 포근한 말 한마디 제대로 건네지 않는다고 한다. 둘만의 식사시간을 가진 때가 언제인지 기억도 안 날 만큼 오래전의 일이라고 한다. 남편은 그녀의 진짜 마음을 모른다. 그녀는 사람들에게 늘 둘러싸여 있어서 남편과 둘만의 시간을 의미 있게 생각하지 않다고 생각하고 있다. 그녀는 사람들 속에서 자신이 멋있어 보이는 것이 중요하지만, 사랑하는 남편이 자신을 최우선으로 생각해 주기를 원하는 것이다.

다연 씨는 남편에게 자신의 마음을 툭툭 장난처럼 던졌기 때문에 남편은 그녀의 마음을 알아차리지 못하고 있다. 자신만의 방식의 사랑을 이어가고 있다. 경제적인 지원을 넉넉히 해주고 그녀가 원하는 대로 살도록 배려하는 것이 사랑이라고 생각하고 있다. 다연 씨는 남편과 자신의 속마음을 마음껏 열어 보여도 불편하지 않은 관계이고 싶다.

#02. 민감한 토끼

토끼는 토끼목 토끼과의 포유류 동물이다. 꼬리가 짧고 귀가 긴 게 특징이다.
아주 민감한 청각을 갖고 있다. 미세한 소리도 듣고 정확하게 그 소리의 원천을 구별한다. 토끼의 후각 역시 예민하여 음식이 있는 곳을 알아내는 데 도움을 준다.

토끼 재빨라는 거북이 느림보와 연인이다.

한 걸음 한 걸음 묵묵히 걷는 여유 있는 모습의 거북이 느림보가 너무 멋있다.

조용하면서도 언제나 최선을 다하는 거북이 느림보와 있으면 아무 걱정이 없다.

성격이 급한 토끼 재빨라는 사랑하는 연인이 자신의 실수를 보완해 줄 것 같아 늘 든든하다.

쇼핑을 할 때도 토끼 재빨라는 눈길을 사로잡은 그 상품을 주저하지 않고 구매한다.

가끔은 그렇게 구매하고 후회하지만 쇼핑을 위해 이것저것 상품을 찾아 헤매는 시간이 아깝기도 하고 불편하기도 하다.

곧 연인 거북이 느림보의 생일이다.

받고 싶은 선물은 손목시계라고 한다.

둘은 카페에서 차를 마시며 온라인상품 검색을 하면서 눈에 띄는 손목시계를 발견했다.

토끼 재빨라는 연인 거북이 느림보에게 묻는다.

"자기야! 이 시계 어때?"라고 묻자 거북이 느림보는 한참을 들여다보더니 천천히 말한다.

"나쁘지는 않아!"

토끼 재빨라는 좋다고 말하는 것으로 이해하고 바로 주문 완료를 한다.

그리고 "자기 생일선물은 다 준비되었어."라며 마시던 커피잔을 입으로 가져간다.

거북이 느림보는 속으로 생각한다.

'무슨 생일선물을 저렇게 빨리 골라. 너무 성의가 없는 것 아닌가.'라며 그녀의 정성 없음에 살짝 서운한 마음이 생긴다.

토끼 재빠르다는 거북이 느림보의 불편한 마음을 알아채고는 속으로 생각한다.

'아까 좋다고 말한 것 아니었어? 왜 확실하게 말하지 않고 나를 불편하게 하는 거야······.'

#03. 그대를 사랑하는 민감한 내 마음 돌보기

1. 내 자신의 감정을 민감하게 살피나요?

2. 연인과 얼마나 마음이 통한다고 생각하나요?

3. 나의 감정변화에 연인은 어떻게 반응하나요?

4. 나는 연인의 기분을 무엇으로 알아차리나요?

5. 연인과의 관계에 불만족할 때 나는 어떻게 표현하나요?

6. 나는 연인에게 내 감정을 솔직하게 표현하나요?

7. 나와 연인은 서로의 감정표현에 어떻게 반응하나요?

#04. 민감한 사람을 위한 감정 수업

《민감한 사람을 위한 감정 수업》

캐린 홀 저 · 신솔잎 역 / 빌리버튼

http://www.yes24.com/Product/Goods/86898964

남들보다 민감하다는 것은 삶의 선물이기도 하지만 짐이 되기도 한다고 말한다. 민감한 사람이 갖고 있는 공감력, 유대감, 직관과 창의력 등은 삶의 질을 높이는 데 도움이 된다. 민감성이 삶의 선물이 되기 위해서는 감정에 지배당하지 않아야 한다. 자유롭게 감정을 다스릴 수 있을 때 편안하고 만족스러운 일상을 가질 수 있다. 저자는 30년 경력의 임상 심리로 감정에 압도당하지 않는 8가지 방법을 제시한다.

[정신건강을 위한 10가지 수칙]

2000년 보건복지부 정신건강의 날(4월 4일)
대한신경정신의학회 정신과전문의 100명의 추천으로 정신건강 10대 수칙 제정

1. 감사하는 마음으로 산다.

2. 긍정적으로 세상을 본다.

3. 약속 시각엔 여유 있게 가서 기다린다.

4. 반가운 마음이 담긴 인사를 한다.

5. 누구라도 칭찬한다.

6. 원칙대로 정직하게 산다.

7. 일부러라도 웃는 표정을 짓는다.

8. 집착하지 않는다.

9. 때론 손해 볼 줄도 알아야 한다.

10. 상대방의 입장에서 생각해 본다.

03

여전히 그대를 사랑하는가

#01. 서로 다름 인정하기

명수 씨와 경진 씨는 연애 2년 차다.

명수 씨는 직장에서 인기 만점의 사람이다. 영업일을 하고 있어서 많은 사람을 만난다. 새로운 만남이 부담스럽지 않다. 실적도 좋고 현재의 삶에 매우 만족감을 갖고 있다.

경진 씨는 아이들을 가르치는 일을 하고 있다. 자신이 맡은 아이의 성적이 향상될 때 보람과 자부심이 매우 크다. 실력을 인정받고 있는 유능한 교사다. 명수 씨와 경진 씨는 서로의 직업을 응원하고 격려한다.

명수 씨는 경진 씨의 부드럽고 교양 있는 모습에 반해 버렸다. 그녀는 온몸에서 풍겨 나오는 고급스러움이 있다. 그냥 빠져들게 하는 매력이 있다.

경진 씨는 밝게 분위기를 만들어내는 명수 씨가 너무나 멋있어 보인다. 말솜씨가 뛰어나서 함께 있으면 시간 가는 줄 모른다. 유머까지 겸비한 그와 있으면 웃느라 정신이 없다.

두 사람은 토끼와 거북이처럼 달랐지만, 서로의 다른 모습이 좋았다.

그런데 언제부터인가 명수 씨는 경진 씨와 있으면 숨이 막히는 듯 답답해진다. 늘 만났던 그곳에서 비슷한 패턴의 시간을 즐기려고 한다. 새로운 데이트를 제안하면 정보 검색을 하고 이것저것 따져보고 효율성을 먼저 따진다. 명수 씨는 그녀를 사랑한다. 그녀와 좀 더 색다른 즐거움으로 추억을 많이 갖고 싶다. 그러나 그녀는 명수 씨의 마음을 아는 건지 모르는 건지 자주 핀잔을 준다. 명수 씨와 경진 씨는 오랜 시간 함께 하기를 원하지만, 지금은 서로 너무 다른 모습을 맞추기가 힘들다. 딱 맞는 방법을 찾기가 어렵다.

사람은 한 사람도 같은 사람이 없다.

모두가 다르고 다양하다.

다양성을 있는 그대로 인정하는 것이 성숙한 태도이다.

사랑하는 연인을 향한 성숙의 태도는 무엇일까?

서로 다르다는 것을 인정하는 일이다.

또한 둘은 서로에게 꼭 필요한 존재임을 확신해야 한다.

경진 씨의 꼼꼼함과 섬세함이 현실적인 삶을 살아가는 데 매우 유익하고 중요한 강점이다.

명수 씨의 밝고 사교적인 에너지는 힘을 불어넣어 준다.

두 사람은 상대의 강점이 나에게는 없는 약점일 수 있음을 기억해야 하고 서로가 다름을 인정하는 것이 필요하다.

#02. 포용력 있는 거북이

거북이는 거북목에 속하는 파충류를 두루 부르는 말이다. 몸길이가 10cm보다 작은 것부터 2m 이상 되는 것까지 있다. 몸은 단단한 껍질로 둘러싸여 있다. 중국과 한국 등 아시아에서는 장수를 상징하는 동물이다. 오랜 시간 먹지 않아도 생명을 유지하는 생명력이 있다. 거북이는 머리와 다리를 몸을 둘러싼 단단한 각질 판인 갑 속에 넣어 적으로부터 자신을 보호한다.

토끼와 거북이가 있었습니다. 둘은 사랑하는 사이입니다.

토끼는 달리기를 잘하고 영리합니다. 행동이 재빠르고 민첩합니다. 이것저것 아는 것도 많습니다. 다재다능해서 못 하는 것이 없습니다. 토끼는 어딜 가도 인기가 많습니다. 늘 유쾌하고 즐겁습니다 거북이는 노력파입니다. 끈기 있고 인내심이 있습니다. 꼼꼼하고 완벽주의입니다.

실수 없이 차근차근 일 처리를 하기 때문에 직장에서 좋은 평가를 받습니다.

책임감이 있습니다. 어떤 어려움이 있더라도 꼭 해내려는 의지가 강합니다.

활동적인 토끼가 사랑하는 연인 거북이에게 말합니다.

"자기야! 우리 이번 주말에 신나는 달리기 게임할까?"

토끼를 사랑하는 거북이는 말합니다.

"이번 주말? 어디서, 어떻게 하려고?"

토끼는 말합니다.

"달리기는 재밌잖아~. 운동도 할 수 있고 기분전환도 되잖아?"

거북이는 말합니다.

"자기가 좋아하는 거라면 내가 계획을 세워 볼게."

거북이는 사랑하는 토끼와 달리기 게임을 하기 위해 죽어라 계획을 세웁니다. 먼저 게임 장소로 가기 위한 이동은 어떻게 해야 할지 정합니다. 그리고 게임을 진행하는 동안 필요한 물품은 무엇이 있는지 리스트를 작성합니다. 달리기 게임을 위해 자신의 몸을 만들기 시작합니다. 근력 강화 운동과 지구력 향상에 애씁니다.

드디어 토끼와 거북이의 달리기 게임이 시작되었습니다. 토끼는 시작과 동시에 날쌔게 달립니다. 거북이는 자신의 페이스에 맞추어 달립니다. 토끼는 달리기하는 순간이 너무 재미있습니다. 천천히 따라오는 사랑하는 거북이를 재촉합니다.

"자기야, 달리기는 속도야! 무조건 최선을 다해 달리라고!! 왜 이렇게 느려. 힘을 내!!"

거북이는 사랑하는 토끼에게 말합니다.

"자기야, 난 내 페이스로 갈게. 걱정 말고 자기는 달리기를 즐겨~."

토끼는 깡충깡충 즐겁게 달립니다. 그런데 뒤따라오는 거북이와 멀어지면서 달리기에 흥미가 떨어집니다. 토끼는 잠시 쉬기로 합니다. 어차피 게임은 자신이 이길 것이라는 확신이 있습니다. 토끼는 잠시 쉬는 동안 잠이 들었습니다. 땀을 뻘뻘 흘리며 달려온 거북이는 토끼가 쉬고 있는 곳까지 왔습니다.

사랑하는 토끼를 깨웁니다.

"자기야~. 일어나. 달리기를 계속해야지!"

잠에서 깬 토끼는 사랑하는 거북이와 다시 달리기를 시작합니다. 거북이는 말합니다.

"자기는 달리기를 잘해서 참 좋겠다. 너무 멋있어~. 앞으로도 계속 내 옆에 있어 줘!"

칭찬을 들은 토끼는 다시 달리기에 재미가 생겼습니다. 또다시 힘껏 달립니다. 토끼와 거북이는 게임을 즐겁게 이어갑니다.

또다시 거리가 벌어지자 토끼는 흥미를 잃고 나무 그늘에서 쉽니다. 거북이는 최선을 다해 뻘뻘 달려보지만, 토끼를 따라잡기에는 역부족입니다. 그러나 게임을 중도에 포기할 수는 없습니다.

토끼는 말합니다.

"사랑하는 거북이와 함께 달리기를 하면 행복할 줄 알았는데 그렇지가 않고 지루해!"

거북이는 말합니다.

"사랑하는 토끼와 함께하기 위해 최선을 다했는데 행복한 건지 잘 모르겠어."

정말 토끼의 자유로움과 거북이의 성실함으로 노력하면 더욱 행복해질까요?

#03. 그대를 사랑하는 포용력 있는 내 마음 돌보기

1. 나에게 시간이 주어진다면 무엇을 하고 싶은가요?
2. 내가 하고 싶은 것을 연인이 원하지 않는다면 어떻게 할 건가요?
3. 연인이 나와 생각이 다를 때 어떤 기분인가요?
4. 생각이 다를 때 어떻게 조율하나요?
5. 나의 성격 강점은 무엇인가요?
6. 연인의 성격 강점은 무엇인가요?
7. 나의 강점을 더 개발하기 위해서는 무엇을 해야 하나요?

#04. DISC 성격유형

《4가지 성격 DISC와 만나다》

김진태 · 박효정 · 경수경 · 조명환 · 최수황 지음 / BrainLEO

http://www.yes24.com/Product/Goods/92809342

자신이 어떤 사람이지, 무엇에 강점이 있고 약점이 있는지를 알 수 있다. 네 가지 성격의 특성을 알게 된다면 관계의 불편감은 어느 부분 해소될 수 있다. 불필요한 강요를 하지 않게 되고 상황에 맞게 적절한 대처를 할 수 있게 된다.

인간의 행동 패턴을 마스턴(Marston) 박사는 주도형, 사교형, 안정형, 신중형으로 DISC 행동유형이라고 했다(**다음표 참조**).

우리가 오른손잡이라고 해서 칭찬을 받고 왼손잡이라고 비난할 수 없듯이 사람의 심리 특성이 서로 다르다고 해서 비난하거나 평가할 수 없는 일이다.

나와 다른 사람을 알고 이해하면 좀 더 편안한 관계를 유지할 수 있다.

사람마다 각자 다른 생각이 있음을 인정해 주고 포용한다면 나와 다름이 상대의 허점으로 보이지 않게 된다.

DISC 성격유형

D형 (주도형)

장점

즉시 성과를 올린다. 신속한 결정을 한다. 포기하지 않는다. 책임감, 자신감이 있다. 도전을 받아들인다. 열심히 일한다. 문제를 피하지 않고 해결하려고 한다.

단점

조급하다. 다른 사람에 대해 무관심하다. 위험 부담과 경고를 간과한다. 융통성이 없고 고집이 세다. 지나치게 많은 일을 떠맡는다. 세부 사항을 무시한다. 타인에게 너무 많은 것을 요구한다.

I형 (사고형)

장점

낙관적이고 표현력이 좋다. 즐거운 분위기를 만든다. 좋은 인상을 준다. 인간적이다. 설득을 잘한다. 외향적이고 사람을 잘 사귄다. 열정적이다.

단점

일의 끝 마무리가 부족하다. 너무 말을 많이 한다. 충동적으로 행동하고 급하게 결론을 내린다. 무리하게 약속을 한다. 교묘한 말로 설득한다. 능력에 대한 평가를 과대하게 한다. 결과에 지나치게 낙관적이다.

DISC

S형 (안정형)

장점

협조적이다. 충성스럽다. 남을 잘 섬긴다. 꾸준하고 작업 수행이 안정되어 있다. 대인관계가 원만하다. 다른 사람의 의견을 잘 들어준다.

단점

급격한 변화를 꺼린다. 지나치게 관대하다. 일을 미룬다. 우유부단하다. 갈등을 회피한다. 감정을 잘 표현한다. 정해진 기간에 일을 마치기 어렵다.

C형 (신중형)

장점

정리정돈을 잘한다. 유능하다. 자기 훈련을 잘한다. 정확하다. 철저하다. 외교적 수완이 있다. 분석적이다. 높은 기준을 가지고 있다.

단점

지나치게 조심스럽다. 세부일에 얽매인다. 일하는 방법에 융통성이 없다. 비판하기를 좋아한다. 자발성이 약하다. 의심이 많다. 비판에 예민하게 반응한다. 비관적이다.

나의 패턴을 기록해 보고 나를 찾아보기

D형 (주도형)

장점

단점

I형 (사고형)

장점

단점

DISC

S형 (안정형)

장점

단점

C형 (신중형)

장점

단점

04

비평도 기꺼이 듣는다

#01. 다툼을 유발하는 일은 하지 않는다

멀끔하게 차려입고 출근하는 준호 씨는 오늘도 제일 먼저 출근했다. 지난 승진시험에 합격하여 업계 초고속 승진자라는 닉네임이 붙여진 상태다. 준호 씨의 승진에 누구도 이의를 제기하지 않는다. 충분히 승진할 만한 능력의 사람이라고 인정받는 것이다. 준호 씨는 그동안 일에만 집중한 자신을 묵묵히 기다려주고 참아준 여자친구에게 고맙다. 이번에 어떤 이벤트로 행복하게 해줄까 고민하며 자료를 찾는 중이다. 이벤트도 완벽하게 성공적으로 해내고 싶은 생각에 바쁘다.

준호 씨는 성공에 대한 욕구가 다른 사람보다 매우 강하다. 그러나 위험을 감수하고 도전하는 것은 극도로 꺼린다. 그녀를 위해 준비하는 이번 이벤트도 성공해야 한다는 부담감이 있다. 불확실하거나 위험한 모험은 하지 않고 신중하고 착실하게 시간이 늦더라도 차근차근 노력을 거듭해서 반드시 목표를 달성하는 타입이다. 성실함은 준호 씨를 나타내는 단어다. 지나친 신중함으로 눈앞에 있는 좋은 기회를 놓치는 경유가 종종 있기도 하다.

　준호 씨의 그녀는 그와 함께 하는 것만으로 사랑받는 느낌이고 행복하다. 자신을 위해 애쓰는 준호 씨 마음만으로 충분하다. 준호 씨는 가까이 지내는 인간관계 범위가 지극히 한정되어 있다. 굳이 많은 사람과 폭넓게 만날 필요를 느끼지 못한다. 퇴근 후 여자친구와 시원한 맥주와 단골 치킨집이면 부족할 것 없다고 느껴진다. 여자친구에게 가장 듣고 싶은 말이 성실하고 책임감이 있다는 말이다. 그런 말을 들을 때 잘살고 있다고 느껴지고 보람을 느낀다. 직장에서 자유분방하고 가벼운 언행을 하는 촐랑거리는 동료의 모습을 목격할 때 신뢰감을 주지 못하는 행동이라고 생각한다. 자신은 차분하고 신중한 태도를 보이려고 한다.

　준호 씨의 관심사는 일과 사회적인 성공이다. 여자친구는 준호 씨가 야망과 명예를 추구하는 현실주의자라고 말한다. 준호 씨는 현실적으로 안정적인 생활여건을 만들어내고 싶다. 그래서 최선을 다해 노력하고 있다. 자신이 이루어내고 성취하려는 것을 구체화 시켜서 사랑하는 그녀와 안정적인 삶을 살고 싶은 것이 꿈이다.

　준호 씨의 그녀는 일에 열중하고 성실한 그가 믿음직스럽고 미래를 함께하고 싶은 신뢰감이 생겨서 좋다. 그러나 일과 삶의 균형이 지켜지기를 바라고 있다. 휴식을 위해서도 자신의 시간과 돈을 쓰기를 원한다. 일과 삶의 균형을 이루어 살 수 있기를 바라지만 준호 씨는 자신의 방식에 문제없다고 한다.

워라벨은 개인의 주관적인 느낌이다. 일이 곧 삶이라고 생각하고 자신에게 문제 되지 않는다면 연인이라고 해서 내 방식의 삶을 요구할 수는 없다. 다만 함께하는 연애의 삶을 조율할 필요는 있다.

#02. 신중한 여우

여우는 포식동물이지만 겁이 많고 신중하여 사람이 접근하면 먼저 도망간다. 적응력이 뛰어나 전 세계의 다양한 지형과 기후에 적응한다. 몸길이는 24~140cm, 몸무게는 0.7~17kg이다. 붉은여우 새끼는 늦봄에 태어나서 가을이면 부모와 떨어져 독립한다. 암컷은 10개월이면 성숙하여 짝짓기를 한다. 수명은 15~20년이지만 야생에서 생존은 3~4년이다.

여우와 두루미는 친구입니다. 여우는 매력적이고 멋진 외모의 소유자입니다.

두루미는 날씬한 다리와 긴 목의 몸짱이랍니다.

여우와 두루미는 많은 이들의 부러움을 받으며 살고 있습니다.

어느 날 숲속에 사는 여우는 두루미를 저녁 식사에 초대합니다.

두루미는 흔쾌히 초대에 응합니다.

여우의 초대에 두루미는 예쁘게 차려입고 그의 집에 도착했습니다.

여우는 근사하게 음식을 준비했습니다.

"두루미야, 널 위해 준비했어. 차린 건 없지만 맛있게 먹어."

두루미는 고맙게 잘 먹겠다고 말했지만 이내 당황할 수밖에 없었습니다.

맛있는 음식은 많이 차려져 있지만, 자신이 좋아하지 않는 스타일로 음식이 차려졌습니다.

두루미는 긴 부리이기에 길고 좁은 그릇을 선호합니다. 그런데 준비된 음식은 넓고 얕은 그릇에 음식이 담겨있었습니다. 여우는 음식을 제대로 먹지 않는 두루미에게 음식이 입에 맞지 않냐고 물었습니다.

두루미는 "별로 배가 안 고파서."라고 대답합니다. 불편하지만 여우와 마주 앉아 식사를 마쳤습니다.

식사가 끝나고 두루미는 오늘 초대해줘서 고맙다. 다음에는 우리 집에 오라고 말하며 여우를 자신의 집으로 초대합니다.

며칠 뒤 여우는 멋지게 차려입고 두루미의 집에 도착합니다.

"두루미야, 초대해줘서 고마워."라며 식탁에 앉습니다.

두루미는 "여우야, 배고프겠다. 어서 먹자."라며 식사를 권합니다.

맛있는 음식을 정성껏 준비하여 두루미는 자신이 선호하는 긴 병에 음식을 담았습니다. 잘 먹겠다고 인사를 하고 식사를 시작하려는 여우는 당황합니다. 자신은 넓은 그릇에 담긴 음식을 더 좋아하기 때문입니다. 그러나 여우는 먹기가 불편하지만 아주 천천히 조금씩 먹었습니다.

이를 본 두루미는 왜 이리 음식을 먹지 못하는지 물었습니다.

여우는 배가 별로 고프지 않다고 말합니다.

그렇게 여우도 행복하지는 않지만, 두루미의 식사가 끝날 때까지 식탁에 함께 있습니다.

그 후 여우와 두루미는 친구에서 연인이 되었습니다.

여우와 두루미는 자신에게 최고의 것을 상대에게 주려고 노력한 것을 알게 되었습니다.

자존감이 낮은 두루미라면 여우가 자신을 놀리려고 했다고 분노했을 것입니다.

여우 역시 길고 높은 그릇에 음식을 담은 두루미를 배려심 없다고 쏘아붙였을 것입니다. 둘의 관계는 원수가 되었을 것입니다.

그러나 여우와 두루미는 식사에 초대하는 관심을 서로에게 보였습니다.

자신의 불편감을 상대의 입장에서 좋게 해석했습니다.

둘은 요즘 말로 티키타카 잘 맞는 사이가 되었습니다.

#03. 그대를 사랑하는 신중한 내 마음 돌보기

1. 연인과의 관계 맺기 잘하고 있다고 생각하나요?

2. 연인과 관계를 맺는 데 나는 어떤 어려움이 있나요?

3. 나는 연인에게 어떤 도움이 된다고 생각하나요?

4. 연인은 나에게 어떤 사람이라고 생각하나요?

5. 연인과 더 좋은 관계를 위해서 나는 무엇을 하고 싶은가요?

6. 더 좋은 관계를 위해 나는 연인에게 무엇을 원하나요?

7. 좋은 관계를 위해 우리는 어떤 노력이 필요한가요?

#04. 선을 넘지 않는 사람이 성공한다

 《선을 넘지 않는 사람이 성공한다》

장샤오형 저 · 정은지 역 / 미디어숲

http://www.yes24.com/Product/Goods/109319304

원만한 인간관계로 성공 가도를 달리는 사람들은 좀처럼 선을 넘지 않고 상대방과의 안전거리를 지킨다고 말한다. 관계에서 선을 넘지 않으려면 어떻게 말조심을 해야 하는지, 직장에서 나를 보호하기 위한 선 긋는 법이나 지키는 법 그리고 직장 상사와의 적절한 안전거리는 어느 정도인지, 소중한 사람과의 사랑을 지키기 위해 넘어서는 안 될 선은 어떤 것들이 있는지 등을 배울 수 있다. 내가 선을 넘지 않아야 상대방도 선을 넘지 않는다.

[사랑의 성공을 위한 수레바퀴]

(출처 : 다원재능심리학)

1. 생각이 바뀌면 행동과 습관이 바뀐다.

2. 생각이 바뀌려면 믿음, 소망, 사랑이 있다. 그중에 제일 첫 번째가 사랑이다.

3. 사랑의 힘으로 생각이 바뀌고 행동과 습관이 변한다.

4. 사랑의 힘으로 습관이 바뀌어서 좋은 인품이 되고 운명도 바뀌어 성공

에 이를 수 있다.

5. 성공의 근원은 사랑이다.

6. 무조건적인 사랑을 아가페(Agape)라고 한다.

연인에게 아가페 사랑, 즉 무조건적인 사랑을 기대하는 것은 적정한 선을 넘는 것이다.

연인과의 관계의 선, 즉 인간이 할 수 없는 아가페 사랑을 원하는 것은 관계의 선을 넘는 것이다.

연인에게 무조건적인 아가페 사랑, 나를 위해 조건 없는 무한한 사랑을 원한다면 그 사랑을 지키기는 매우 어렵다.

연인에게 무조건적인 사랑을 원하는 내 생각이 바뀐다면 행동과 습관이 바뀌게 되고 사랑의 운명이 바뀌어 더욱 아름다운 우리의 성공된 사랑을 만들어갈 수 있게 된다.

05

새로운 관점에서 바라보기

#01. 새로운 길을 찾는다

결혼을 앞둔 예비신부 나영 씨는 요즘 예비신랑 남자친구와 자주 다툰다. 결혼 준비를 하면서 갈등이 자주 생긴다. 나영 씨는 예비신랑의 가족들과 잘 지내기 위해 잦은 만남을 가지려 애를 쓴다. 만난 횟수를 늘리는 일은 가까워 지는 일에 많은 도움이 된다고 생각하고 있다. 결혼을 앞두고 갈등이 생기는 그것은 남들도 다 겪는다고 생각하며 잘 해결하려 하지만 힘들다. 큰일을 앞 두고 있으니 협의해야 하는 일들이 많다. 부모님의 개입이 크지 않지만 사소 한 것 하나에도 양가 어른들의 견해차가 너무 크다. 부모님의 입장은 자신의 자녀에 대한 사랑의 표현임과 동시에 사회문화에 대한 서로의 인식이 다름에 서 시작한다.

예비신부 나영 씨는 자신이 남자친구 가족에게 다가가듯이 나영 씨의 가족에게도 가까이 다가와 주기를 바란다. 문제가 발생할 때 남자친구가 적극적으로 조율해서 모두가 평화롭게 합의점을 찾기를 바란다. 그런데 남자친구는 자기 일이 바쁘다는 핑계로 그냥 내버려 두고 있다. 나영 씨는 갈등이 생기는 이 상황이 너무 힘이 든다. 그렇지만 양가 어르신들의 입장이 모두 다 이해되기도 해서 원망이나 불평을 하기도 어렵다.

때때로 남자친구는 나영 씨가 해결해 주기를 바라는 모습을 보이기도 한다. 남자친구의 그런 태도에 실망감이 생기고 불안한 마음이 든다.

남자친구는 갈등이 생기고 친밀하지 않은 상황이면 피하고 싶고 도망가고 싶은 마음인가보다. 그런 그를 이해하려고 하지만 도망치려는 태도의 남자친구와 함께할 미래가 걱정이 되는 것은 숨길 수 없다.

나영 씨는 품위 있고 우아하다. 예의를 중요하게 생각하고 어디서든 조화를 이루려 하고 관계를 소중히 여기는 사람이다. 이성적이다가도 때로는 감정적인 측면도 있어서 균형 감각을 지키려 한다. 모두에게 공평한 태도를 유지하려고 노력한다. 이성적이고 공평한 나영 씨지만 현실적으로 계산적이며 움켜쥔 것을 내어주지 않으려는 사람을 극단적으로 싫어한다. 남자친구는 나영 씨에게 허영심의 소유자라고 말할 때가 있다. 그러나 나영 씨는 우아해 보이고 품위 있어 보이는 것에 관심을 끊을 수가 없다. 허영심이 아니라 쓰고 나누어야 할 때는 멋있게 쓰는 것이 맞다고 생각한다. 결혼을 앞두고 품위를 유지하며 누구도 불편하지 않게 하기 위해 노력 중이다.

나영 씨와 남자친구 사이에서 다툼이 자주 일어나는 것은 문제를 바라보는 인식 때문이다.

두 사람은 서로의 관점을 들여다보는 여유와 이해가 필요하다.

연인이 문제를 안고 다툼을 일으킬 때는 합의점을 찾기가 쉽지 않다.

그럴 때는 그동안의 방법이 아닌 새로운 길을 찾기를 권한다.

서로 다를 때 누구도 양보하지 못하는 상황에서 갈등을 일으킬 때는 분위기를 바꾸거나 상황을 새롭게 만들어갈 새로운 방법이 해결책이 될 수 있다.

#02 새롭고 뛰어난 생각을 하는 너구리

너구리는 포유동물이다. 몸길이는 50~70cm, 꼬리 길이는 15~20cm이다.

몸통은 여우보다는 작고 통통하다. 발은 짧고, 주둥이는 끝이 뾰족하며, 꼬리는 뭉뚝하다.

깊지 않은 산의 숲이나 골짜기에서 산다. 밤에 활동하지만, 산의 숲에서는 낮에도 활동한다. 가족집단으로 행동하며 특정한 장소에서 배설하는 습성이 있다.

호기심 많고 창조력이 있는 너구리는 창고에 들어가기 위해 문의 빗장을 여는 재주를 가진 것으로 알려져 있다.

너구리 유의 남자친구는 늑대 후다.

늑대 후는 부모님과 사이가 좋은 아들이다.

너구리 유는 부모님과 좋은 관계를 유지하는 남자친구가 부럽다.

그녀는 부모님을 존경하지만, 대화만 하려고 하면 욱하는 감정이 앞선다.

사소한 것을 이야기할 때도 부모님과는 너무 맞지 않는다.

학창시절에는 부모님 속을 꽤 많이 썩었다.

성인이 된 지금도 부모님과 대화를 잘하고 싶지만 왜 그런지 잘되지 않는다.

남자친구 늑대 후는 부모님과 소통을 잘하는 것 같다.

여자친구인 자신에게도 잘 맞춰주어서 그런지 둘은 다툼 없이 잘 지낸다.

너구리 유는 부모님과 잘 지내는 늑대 후에게 비결을 물었다.

늑대 후의 대답은 사소한 일이라도 부모님께 의견을 먼저 물어본다고 했다.

너구리 유는 자신도 부모님께 의견을 묻고 진행하지 일방적이라고 생각하지는 않는다

늑대 후는 너구리 유에게 조심스럽게 자신의 생각을 이야기한다.

너구리 유는 부모님께 스스럼없이 자신을 표현하는 아주 편한 가족처럼 보인다고 한다. 다만, 가끔은 너구리 유의 의견이 받아들여지지 않을 때 화를 먼저 내는 것이 늑대 후와 다를 뿐이라고 한다.

너구리 유는 가족들이 계속 발전했으면 좋겠다.

부모님도 열심히 사시는 것은 알지만 항상 똑같은 방식은 싫다.

외식을 하더라도 좀 더 재미있고 새로운 곳에서 가족들과 소통하고 싶은 마음이다.

부모님이 너구리 유의 깊은 마음은 이해하지 못하고, 윽박지르고 하지 말라는 제재를 할 때 속상하고 힘이 든다.

너구리 유의 매력은 늘 새로움을 창조하고 열려있는 생각을 하는 것이다. 부모님이 그것을 알아주기 바란다.

남자친구 늑대 후는 그녀의 새로운 창의력을 지지하고 응원한다. 지지받는 그녀는 남자친구 앞에서 더욱 매력적이고 반짝이며 돋보인다.

#03 그대를 사랑하는 창의력 있는 내 마음 돌보기

1. 요즘 나의 관심사는 무엇인가요?

2. 나의 관심사는 내 삶에 어떤 의미인가요?

3. 내 관심사를 누구와 어떻게 함께하고 싶은가요?

4. 1년 후 지금 나의 관심사는 어떻게 되었을까요?

5. 연인과 나의 공통된 관심사는 무엇인가요?

6. 1년 후 연인과 나의 모습은 어떤가요?

7. 3년 후 나를 위해 무엇을 준비해야 하나요?

#04 삶에 대한 새로운 관점

《삶에 대한 새로운 관점》

L. 론 허버드 지음 / 브릿지

http://www.yes24.com/Product/Goods/5128430

론 허버드만의 깊은 고찰과 분석으로 행복에 대한 해답을 찾아간다. 사이언톨로지를 통한 삶에 대한 관점에서 인간 정신을 탐구한다. 영적인 깨달음을 얻어 개인의 발전에 그치는 것이 아니다. 나아가 인간의 본질을 찾고 영적인 자유로움으로 행복으로 가는 길을 제시한다.

이 책에는 이러한 질문과 의문에 대한 해답이 들어 있다.

나 스스로 행복에 대해 질문을 하고 답해 보자.

• 행복해지는 것은 가능한가?
• 인간은 고결한 존재인가?
• 인류의 영혼은 존재하는가?
• 불멸에 대해 생각해 보았는가?

- 삶을 구성하는 여덟 가지 다이내믹스
- 인간관계를 형성하는 친화력, 현실성, 의사소통의 트라이앵글
- 무미건조하고 혼란스러운, 세상을 변화시키는 방법을 찾아보았는가?
- 반사회적 혹은 사회적 인성의 차이를 느껴보았는가?
- 갈등의 원인인 제3자의 법칙을 아는가?
- 결혼, 양육, 윤리와 같은 삶의 요소들에 대해 진지하게 생각해 보았는가?

(출처 : 《삶에 대한 새로운 관점》, L. 론 허버드)

06

보이는 모습이 실제의 모습이다

#01. 한결같은 모습

담희 씨는 이마에 땀이 마를 날이 없다. 이번에 참여한 봉사팀에서 제 몫을 하고 싶어서이다. 노인요양원을 찾아 어르신들의 말벗이 되어 정서적인 도움을 드리기도 하고 목욕을 위해 이동이 어려우신 어르신의 이동을 돕기도 한다. 가벼운 마음으로 시작했지만 작은 수고가 누군가에게 힘이 되는 일이고 보람이라고 생각하니 몸을 게으르게 움직일 수가 없다. 함께 봉사하는 팀원들과 엉덩이 붙일 틈도 없이 바쁘게 일을 하지만 마음은 너무나 기쁘다.

부족하다고 생각하고 아무것도 할 줄 모르는 사람이라고 생각했는데 이렇게 작게나마 도움을 드릴 수 있어서 다행이라고 생각한다.

담희 씨는 작은 일에도 걱정이 앞서고 자신 때문에 일을 그르칠까 봐 노심초사하는 편인데 이번 봉사를 하며 마음의 위안이 되었다.

담희 씨는 자신의 조용하고 걱정 많은 태도가 다른 사람들에게 불편감을 주는 줄 알았다. 느리고 답답하다고 부모님에게는 물론이고 남자친구에게도 자주 들었기 때문이다.

담희 씨는 자신이 실수하는 것에 대한 부담이 있다. 예의범절을 중요하게 생각한다. 어른들에게 예의를 다하지 않는 사람들을 가까이하고 싶지 않다. 나이만큼 살아온 세월을 존중받고 인정받아야 한다고 생각한다. 그런 마음을 다른 사람들에게 표현하지는 않는다.

담희 씨는 남자친구와도 불편한 마음을 갖는 게 너무 어렵다.

현실에서 필요한 도움을 주고 싶다. 누군가 힘들 때 내가 떠올라 도움을 요청하면 거절하지 않고 달려가 도움을 주는 사람이 되고 싶다.

연애를 하면서는 남자친구에게 힘을 실어 주고 싶다. 구체적인 미래를 함께 설계하고 우리의 꿈을 함께 이루고 싶다. 남자친구는 담희 씨의 꼼꼼하고 차분한 모습에서 함께하는 미래를 생각하면서 안정감을 느낀다.

미니멀라이프를 추구하는 사람들이 많다. 꼭 필요한 물건들만 소유하고 가진 것에 만족하는 라이프 스타일을 말한다. 담희 씨는 미니멀라이프를 추구한다. 남에게 보이는 것을 크게 의식하지 않고 남자친구와 둘이 단순하면서 필요한 것만 소유하고 하고 싶은 것을 하며 삶을 누리고 싶다.

욕심을 내면서 그것을 갖지 못해 힘들어하는 것보다 자기 자신이 주도적으로 환경을 만들면서 소소한 기쁨을 나누며 살고 싶어 한다. 사랑하는 그와 같

이 성실하게 한결같은 사랑을 나누며 살기를 원한다. 그런 담희 씨의 마음을
남자친구는 지지한다.

#02. 성실한 꿀벌

벌은 곤충 가운데 가장 큰 무리이다. 전 세계에 약 10만 종이나 있고 우리나라에는 약 2,000종이 있다. 실제로는 더 많은 종이 있다고 추정하기도 한다. 벌은 종류가 매우 다양해서 1mm도 안 되는 것부터 70mm가 넘는 것도 있다. 대부분 사냥벌이나 꽃벌은 암컷 한 마리가 집을 짓기 시작하지만, 산란을 하지 않은 땅벌들의 도움을 받아 가족생활을 한다. 가족성이며 사회성이다.

벌집은 협동의 균형을 이루며 사는 수천 마리의 벌들이 뒤엉켜 있는 집단이다. 벌들 간에는 분명하고 성실한 의사소통이 생존에 중요한 역할을 한다.

꿀벌 브라운은 달콤한 간식을 좋아한다.

여자친구 꿀벌 핑크는 에스프레소 커피를 즐겨 마신다.

둘은 베이커리 전문 카페에서 데이트를 즐긴다.

진열되어있는 달콤하고 예쁜 빵들 앞에 서면 심장이 뛸 정도로 설레고 기

분 좋다.

빵을 고르는 순간은 진심 온 마음을 다해 선택에 집중한다.

여자친구 꿀벌 핑크는 남자친구의 설렘을 볼 때 사랑스럽고 귀엽다.

꿀벌 브라운의 달콤한 간식타임은 사랑하는 그녀와 함께일 때 행복감이 더 커진다.

자신 앞에 앉아서 쓰디쓴 커피 향을 음미하는 그녀는 주머니에 쏙 넣고 다니고 싶을 만큼 사랑스럽게 보인다.

꿀벌 브라운의 간식타임을 타박하지 않고 곁에서 든든히 있어 주기만 한 그녀가 너무 좋다.

서로가 좋아하는 그 모습이 그대로 날마다 사랑스러워 보이기만 원한다.

사랑한다는 이유로 나의 식성과 태도를 연인에게 강요하지 않는 것이 사랑하는 연인에 대한 성실한 마음이라고 생각한다.

나의 할 일에 집중하고 연인의 기뻐하는 것에 함께 있어 주는 것이 사랑의 성실성이다.

#03. 그대를 사랑하는 성실한 내 마음 돌보기

1. 내 마음은 요즘 건강한가요?

2. 내 마음 건강을 위해서는 무엇이 필요한가요?

3. 마음 건강을 지키기 위해 어떤 것을 하고 있나요?

4. 마음 건강을 헤치는 것은 무엇인가요?

5. 연인이 내 마음 건강에 어떻게 관심을 기울이고 있나요?

6. 연인이 내 마음 건강에 어떻게 영향을 주나요?

7. 나와 연인은 서로를 예측 가능한 사이라고 생각하나요?

#04. 젊은이의 정신건강

《젊은이의 정신건강》

홍숙기 지음 / 박영사

http://www.yes24.com/Product/Goods/3728585

젊은이들의 정신건강을 위한 대처법에 대해 말한다. 몸과 마음의 건강을 위한 스트레스와 대처법에 대해, 남자와 여자, 대인관계에 관한 어른으로서의 삶을 이야기한다. 배우자를 선택하는 일 등 살아가면서 겪는 다양한 문제와 해결법을 살펴본다.

[정신건강 12가지]

미국 건강 매체 〈웹엠디〉는 일상에서 정신건강에 도움을 줄 수 있는 작은 습관을 소개했다. 그러면서 "정신적 고양을 위해서는 행복해질 수 있는 습관을 만들어보는 게 중요하다."라고 했다. 이런 습관들은 힘든 시기를 헤쳐나가는 데 도움을 줄 수 있다.

1. 잡동사니 치우기
2. 멋진 것을 사기
3. 읽을거리 찾기
4. 반려동물과 시간 보내기
5. 음악듣기
6. 건강한 식단짜기
7. 집안 일하기
8. 자연 속에서 걷기
9. 자연을 대신할 것 찾기
10. 앱 활용하기
11. 도움 주고받기
12. 재미있는 것 찾기

07

눈가림으로 하지 않기

#01. 지혜롭게 거절하기

"예지야! 나 다른 여자 생겼어. 너와 헤어지고 싶어!"라고 정중하게 말하고 헤어지는 사례는 얼마나 될까? 어장관리로 예지하고 만나고 미연이와 만나고 또 주말에는 다른 누군가를 만나느라 바쁜 사람도 있다.

인기영화나 드라마 소재에 사랑은 빼놓을 수 없는 단골 소재다. 특히 양다리를 걸치는 스릴감 넘치는 사랑 이야기는 관객이나 시청자의 마음을 집중시키기에 충분하다.

외도 혹은 양다리를 걸치고 사랑이라는 이름으로 파트너를 혼란에 빠트리는 행위는 범죄 행위다. 그러나 법적인 테두리에 범죄 행위로 구분 짓는 관계는 결혼이라는 구속이 있을 때만 범죄라는 단어를 쓴다. 연인 관계에서는 아무런 책임이 없다는 생각에 자신의 흥미와 욕구에만 집중하면서 상대의 상처는 모른 척하는 경우가 많다. 물론 처음부터 양다리나 외도를 작정하고 벌이는 사람은 많지 않다. 연인에 대한 불만의 표현이기도 하고 또 다른 자신만의 미해결 문제들로 인해 불안감을 해소하기 위한 것이기도 하다.

예전에 만났던 사랑의 실패로 버려질 것이 두려워 대안으로 다른 한 사람을 더 가지고 있어야 안정감이 생기기 때문일 수 있다. 자신만의 부족함을 채우고자 하는 여러 이유를 내세운다. 상대 연인이 채워주지 못했기 때문에 다른 누군가를 만난다는 자신의 이중적인 태도를 합리화한다. 한마디로 나의 외도는 상대 파트너가 잘 해주지 못했기 때문에 생긴 것이기에 오히려 당당하게 나오는 경우가 종종 있다.

사랑을 나누는 연인 사이는 친밀한 관계다. 여자는 마음이 허락된 후 몸의 친밀함을 나누길 원한다. 남자는 몸의 친밀함이 먼저다. 만족감과 확신이 생기면 마음을 다하여 사랑한다.

현대의 결혼생활은 각자의 삶을 존중하는 형태로 살아간다. 자신의 자리에서 충실히 살아가도록 배려한다. 경제활동을 위한 사회생활과 여가를 활용한 취미나 자기계발에 도움이 되는 운동이나 동호회의 활동을 한다. 부부라는 이름으로 각자의 활동에 간섭은 하지 않는다. 정해진 규칙에서 크게 벗어나지만 않는다면 상대를 더 요구하거나 제지하지는 않는다.

〈서울신문〉 마크로밀엠브레인의 여론조사 '국내 외도 경험률 통계'를 보면 불혹의 나이를 거치면서 급증하게 된다. 남성 불륜 경험률은 20대는 24%, 30대는 29%, 40대는 36%, 50대는 51%이다. 가정에서 각자의 역할이 점점 줄어듦과 동시에 나이가 들어가면서 자신의 존재감을 확인하고 싶은 욕구가 작용한다. 또 한 설문 조사를 기반으로 만든 통계(〈주간동아〉, 2006년)를 보면 배우자 외의 다른 이성과 외도를 해봤냐는 질문에 기혼여성 273명 중 138명이 외도를 경험했거나 하고 있다고 응답했다.

"결혼한 사람들이 신경쇠약에 걸릴 경우 병을 낫게 하는 해결책은 간단하다. 바람을 피우면 된다(《우상의 추락》, 미셸 옹프레 7권, 211쪽)."

결혼한 사람들이 바람을 피우면 과연 신경쇠약에 걸리지 않을까? 연인에게서 부족함을 채우려 하지 않는 마음이 나에게 오는 유혹을 이겨내는 하나의 힘이 될 수 있다. 눈가림으로 나의 연인에게 상처 주지 않는 법은 따로 없다. 지혜롭게 유혹을 거절해 내는 나에게 있다.

#02. 지혜로운 오리

오리는 수명이 약 20년 이하이다. 철 따라 수백에서 수천 킬로미터를 이동하는 철새지만 집오리는 잘 날지 못한다. 물 위에 잘 떠다니며 깃털이 잘 젖지 않는 특징이 있다. 상당히 머리가 좋고 호기심이 많다. 주인의 얼굴을 잘 알아보고 주인의 말을 잘 따르며 친화성이 높고 유순하다.

오리와 다람쥐는 너무나 사랑하는 사이다.

어느 날 다람쥐가 오리에게 말합니다.

"자기야! 예쁜 우리 자기는 수영을 참 잘해! 그런데 나처럼 나무타기는 못하잖아! 나는 자기랑 신나는 나무타기를 같이 하고 싶어. 내가 나무타기 잘하도록 도와줄게. 우리 퇴근하고 나무타기 전문 학원에 같이 다니자."

다람쥐를 너무나 사랑하는 오리는 대답합니다.

"나는 자기와 함께 하는 시간이 너무 좋아. 조금은 무섭고 겁나지만 배워볼게."

다람쥐를 너무나 사랑하는 오리는 1년을 다녔습니다.

그런데 다람쥐를 따라갈 수가 없습니다. 그래서 그만두려고 합니다.

다람쥐가 말합니다.

"지금까지 노력한 것이 아깝잖아. 자기야, 조금만 더 인내를 가져봐."

그렇게 시간은 지났지만 오리는 나무타기는 고사하고 잘하던 수영마저 하지 못하게 되었습니다.

나무타기 학원에 다니는 동안 발바닥의 물갈퀴마저 찢어졌기 때문입니다.

그 결과 수영도 못하게 되었습니다.

수영을 잘하던 자존감은 온데간데없고, 패배감으로 열등감만 생겼습니다.

사랑하는 그 사람을 위해 노력했지만, 그와 관계는 힘들어졌고, 내 몸은 만신창이가 되었습니다.

노력하면 그도 행복하고 나도 행복할 줄 알았습니다.

행복하면 좋겠습니다. 사랑하는 그와 딱 맞는 방법은 무엇일까요?

나의 성격을 잘 아는 듯 아닌 듯 때로는 나조차도 알 수가 없습니다. 내 성격이 좋은 것도 같고, 아닌 것도 같습니다. 서로 다른 우리는 어떻게 해야 할까요.

나를 알아야 사랑하는 그와도 더욱 행복할 수 있습니다. 내가 무엇을 하고 어떻게 할 때 가장 좋은지 나 자신을 아는 노력이 먼저이고, 그래야 행복에 가까워질 수 있습니다.

그와 나의 성격은 얼마나 같을까요? 그와 비슷하다고 해서 행복하다고 단정할 수 없고, 다르다고 해서 그렇지 않다고 말할 수도 없습니다.

그가 원하는 대로 맞추어 가면 좋을 줄 알았는데 꼭 그렇지만은 않습니다.

연인과 행복한 사랑을 위한 지혜로움은 나를 먼저 아는 것에서부터 출발합니다.

(출처 : 다원재능심리학 인용)

#03. 그대를 사랑하는, 눈치 보지 않는 내 마음 돌보기

1. 어릴 때 가장 행복했던 기억은 무엇인가요?

2. 나를 가장 사랑하는 사람은 누구인가요?

3. 최근 행복했던 순간은 언제인가요?

4. 불편한 감정은 언제 생기나요?

5. 불편한 감정이 생기면 어떻게 해결하나요?

6. 불편한 감정을 조절할 수 있는 능력은 어떤가요?

7. 연인의 제안을 받아들이고 싶지 않을 때 어떻게 하나요?

#04. 내가 행복해지는 거절의 힘

《내가 행복해지는 거절의 힘》

마누엘 스미스 저 · 박미경 역 / 이다미디어

http://www.yes24.com/Product/Goods/7524831

저자 마누엘 스미스 박사는 자기주장과 거절의 기술은 솔직하고 직접적인 커뮤니케이션 능력이라고 말한다. 스미스 박사의 10가지 언어기술은 쉽고 빠르고 지속적인 효과가 있으며 상대의 조작을 차단하고 생산적인 대화와 협상을 주도하는 유용한 언어기술이다. 내가 행복해지는 거절의 힘은 상대에게 공격적이지 않으면서 대화를 주도할 수 있는 탁월한 기술이다. 짧은 대화를 통해 단계별로 언어기술을 실제 생활에 쉽게 적용할 수 있도록 돕는다.

[(사랑을 위한) 자기주장 권리 선언 10계명]

1. 당신은 스스로 판단할 권리가 있다.

2. 당신은 이유를 말하지 않을 권리가 있다.

3. 당신은 스스로 책임질 권리가 있다.

4. 당신은 마음을 바꿀 권리가 있다.

5. 당신은 실수를 저지를 권리가 있다.

6. 당신은 '나는 모른다.'라고 말할 권리가 있다.

7. 당신은 타인(연인)의 호의를 거절할 권리가 있다.

8. 당신은 비논리적으로 결정할 권리가 있다.

9. 당신은 남(연인)을 이해하지 않을 권리가 있다.

10. 당신은 '관심 없어.'라고 말할 권리가 있다.

(출처 : 《내가 행복해지는 거절의 힘》 중에서, 마누엘 스미스)

08

말하기 전에 도와줄 방법 찾기

#01. 말하기 전에 행동하기

"자기야! 오늘 갑자기 일이 생겼어……. 미안한데 내일 보자. 어제 약속 오늘로 미룬 거긴 한데……. 오늘도 시간이 안 되네……. 요즘 왜 그리 바쁜지 모르겠어……. 미안해~. 자기가 이해해줄 거지?"

점심은 샌드위치 하나로 때우면서도 여자친구와 눈 맞춤 한 번 더하고 싶어 잠깐의 시간이라도 짬을 내 얼굴만 보고 부리나케 회사로 들어가면서도 즐겁기만 했던 그였다. 그토록 간절하게 사랑하던 사람과 함께 있어도 이젠 즐겁지 않고 같이 있는 시간이 길고 지루하게 느껴지는 순간이다. 우선순위가 그녀에서 점점 뒤로 밀리게 되고 조금이라도 시간과 횟수를 줄여보려 한다. 이때를 우리는 '사랑의 콩깍지가 벗겨지는 거'라고 말한다.

만나고 헤어지고, 다시 만나고 헤어지고의 연속이다. 미치도록 사랑했던 그 마음이 변해서일 수도 있고, 만나보니 생각했던 그런 사람이 아니어서 실망스러움에 헤어짐을 선택할 수도 있고, 어쩔 수 없는 상황에서 아프지만 헤어짐을 선택할 수도 있다.

빠름의 시대이다. 처음 만난 날 갈 데까지 가는, 속전속결로 끝나는 관계도 있다. '너는 나의 운명이야!' 첫눈에 반해 몇 개월의 연애를 거쳐 평생의 반려자로 함께하는 선택을 하기도 한다. 연애 100일 기념 파티를 할 만큼 100일 정도 만나면 특별한 사이가 됨을 축하하는 빠름의 시대이다. 느낌 있는 사람으로 다가와 연인이 되고 천천히 뜨거워지는 은근한 사랑의 방식도 있다. 사랑에 빠지고 사랑에서 멀어지는 일은 살아가면서 일상이고 익숙한 일이다. 사랑을 이루어내는 속도와 방식은 모두가 다르다. 어떻게 사랑을 시작하고 어떻게 사랑을 마무리하는가도 모두가 다르다.

누군가와 연인이 되고 모르는 타인으로 가는 과정은 생각보다 쉽지 않은 일이다.

헤어지고 싶지만 차마 못 헤어지고 질질 끌려가면서 서로의 소중했던 추억마저 악몽으로 만드는 경우도 종종 있다. 헤어짐이 비로소 그 사랑의 완성일 수 있다.

그와 어떻게 지냈든, 행복했던 순간이 과거가 되어 가고 있을 때 불행했던 과거가 아니라 추억으로 떠올릴 수 있는 사랑을 우리는 만들어야 한다.

#02. 솔선하는 백조

백조는 '흰 새'라는 의미로 기러기목 오리과 고니속에 속하는 조류다. 주로 강이나 호수, 습지를 선호한다. 백조는 영역에 매우 민감하다. 자신에게 공격이 된다고 판단되면 무작정 달려들어 공격부터 한다. 날개 밑과 몸통 사이 큰 공간에 공기를 넣어 부력을 얻는다. 발을 움직이건 그렇지 않건 몸이 물 위에 뜬다. 시속 100마일 정도의 속도로 6,000피트의 고도에서 날 수 있다. 무리 지어 날 때보다 혼자 날 때는 30% 정도의 거리만 날 수 있다.

사랑스러운 엘리는 멋진 남자친구가 있다.

옆에 나란히 서기만 해도 세상 모든 걸 다 가진 것처럼 어깨가 으쓱대진다.

남자친구는 저 멀리서도 후광이 비칠 정도로 멋지다.

백마 탄 왕자님을 만난 것 같은 생각에 정말 감사하다.

이런 큰 행운이 어쩌다 내게 온 것인지 남자친구를 절대 놓치고 싶지 않다.

엘리는 남자친구에게 원하는 것이 하나도 없다.

남자친구로 있어 주기만 하면 된다.

엘리는 멋진 왕자님을 어떻게 행복하게 해줄지만 생각한다.

남자친구의 행복이 곧 자신의 행복이기 때문이다.

남자친구는 몸에 윤기가 좔좔 나는 부티 나는 백조 왕자다.

우아하게 물 위를 걷기 위해 빠르게 발 움직임을 하지 않아도 된다.

이미 물 위에 뜰 수 있는 부력을 갖고 있다.

여자친구 엘리를 사랑하지 않는 것은 아니다.

그렇다고 그녀를 얻기 위해 끊임없이 노력할 필요가 없다.

여자친구에게는 사랑한다고 이미 말했다.

백조 왕자 남자친구는 그래서 걱정이 없다.

마음을 표현했으니 되었다고 생각한다.

그녀를 위해 힘겹게 노력할 게 없다고 생각하고 있다.

엘리는 멋진 백조 왕자가 자신에게서 날아가지 않으면 된다고 생각하고 있다.

그가 자신에게 사랑한다고 솔직한 그의 마음을 알았으니 불안해하지 않는다.

엘리와 백조 왕자는 감정에 솔직하게 표현하고 지금 이대로의 사랑을 누리고 있다.

#03. 그대를 사랑하는, 솔선하는 내 마음 돌보기

1. 연인은 나에게 자신의 고민을 어느 정도 말하나요?

2. 연인과 나의 정서적인 유대감은 어떠한가요?

3. 연인과 문제가 생기면 어떻게 해결하나요?

4. 연인의 상황을 나는 어떻게 알아차리나요?

5. 연인의 힘듦에 나는 어떻게 관여하나요?

6. 나의 힘듦을 연인에게 어떻게 표현하나요?

7. 나의 힘듦에 연인이 어떻게 해주기를 원하나요?

#04. 무너지지 않게 도움 주는 법

《우울한 사람 곁에서 무너지지 않게 도움 주는 법》

수전 J. 누난 저 · 문희경 역 / 아날로그(글담)

http://www.yes24.com/Product/Goods/113493488

책소개

수전 J. 누난 박사는 의사로서 경험과 구체적인 근거 연구 자료들을 바탕으로 글을 썼다. 기분장애는 관리 가능한 질병이며 더 나은 삶을 살아갈 수 있도록 안내한다. 힘든 시기를 헤쳐나갈 수 있는 구체적인 방법을 제시한다. 우울증 관리에 중요한 역할을 하는 가족이지만 곁에서 어떻게 도와야 할지 막막할 때 읽으면 도움이 된다. 기분장애에 대한 이해, 진단, 관리를 위한 필수적인 방법에 대해 알려준다. 소통의 방법과 어떻게 말하고 행동해야 하는지 안내받을 수 있다.

나의 친절성(배려) 알기

◎ 아래에 있는 문항을 주의 깊게 읽고, 지난 1년간 실제로 어떠했는지에 근거하여 가장 적절한 숫자에 ○표하십시오.

전혀 아니다	약간 그렇다	어느정도 그렇다	상당히 그렇다	매우 그렇다
1	2	3	4	5

1. 나는 다른 사람(연인)을 행복하게 해주는 것을 즐긴다.	1	2	3	4	5
2. 친구(연인)가 어려움에 처해 있으면, 나는 아무리 바빠도 돕는다.	1	2	3	4	5
3. 나는 다른 사람(연인)에게 친절을 베푸는 것을 좋아한다.	1	2	3	4	5
4. 나는 지난 한 달 동안 자발적으로 타인(연인)을 도운 적이 있다.	1	2	3	4	5
5. 나는 친구들(연인)을 위해 작지만, 호의를 베푸는 것을 즐긴다.	1	2	3	4	5
6. 나는 평소 다른 사람들(연인)에게 친절하고 관대한 편이다.	1	2	3	4	5

나의 점수 _____점

♤ **결과해석**
06~09점 : 친절성(배려)이 부족한 상태이다. 적극적인 노력이 필요하다.
10~20점 : 친절성(배려)이 보통 수준이다. 노력이 필요하다.
21~25점 : 상당한 친절성(배려)을 가지고 있다. 강점으로 계발하기 바란다.
26~30점 : 매우 탁월한 친절성을 가지고 있다. 대표 강점으로 계발하기 바란다.

3장 서로 다른 사랑을 꿈꾸는 우리

01

신뢰를 높이는 솔직한 그 남자

#01. 정직이 최선이다

명진 씨는 대학 시절 경제적인 어려움을 많이 겪었다. 아버지의 사업실패로 등록금과 용돈을 자력으로 해결해야 했다. 명랑하고 에너지 넘치는 그는 친구들조차 그의 어려운 가정환경을 눈치채지 못했다. 돈을 벌기 위해 아르바이트를 안 해본 게 없다. 건설현장의 일용직으로 돈을 벌어 용돈을 해결했다. 노동으로 번 돈은 친구들과 만나 술과 음식으로 화끈하게 한 턱 쏘면서 전혀 아깝다고 생각하지 않는다. 오히려 희열을 느끼면서 행복해한다. 폼생 폼사 그게 명진 씨다.

학창시절 시내버스에서 우연히 마주친 여학생에게 마음이 뺏겨 그녀를 향한 여러 번의 구애를 통해 사랑을 쟁취한 남자다. 직장에서 돈을 버는 이유는 자신의 존재를 인정받기 위해서다. 그녀가 '자기가 최고야!'라는 한마디를 듣기 위해 열심히 돈을 벌고 일을 한다. 자신의 존재감을 느낀다. 명진 씨는 밖에서 인정받아야 살맛이 난다.

명진 씨는 넓고 큰 스케일의 사람으로 떠올리면 된다. 통 큰 사람이라는 말을 자주 듣곤 한다. 도전하고 싶은 강한 욕구가 늘 있다. 무엇인가에 도전하고 그것을 향해 돌진하고 있다. 언제 만나도 밝은 기운을 갖고 있고 에너지가 뿜어져 나온다. 모든 일에 열정적으로 도전해서 성취하고 싶어 한다. 긍정적이고 매우 낙천적이다. 문제가 발생하더라도 피하지 않고 정면 돌파한다. 또 남들이 하기 힘든 한계를 극복하면 신바람이 나며 살아있다는 행복감이 생긴다.

명진 씨가 하는 것을 믿어 주고 인정해 주는 그녀를 대할 때 편하게 생각한다. 반면 하고 싶은 것을 못 하게 하거나 잘난 척하고 자존심을 건드리는 사람은 멀리하고 싶다.

명진 씨는 언제든지 자신이 우선이라는 느낌을 받을 때 행복감을 느낀다.

사람들에게 환호받고 내 맘대로 할 수 있는 분위기가 좋다. 그녀의 간섭을 받지 않고 몸과 마음의 자유가 있을 때 행복하다. 사랑하는 그녀의 지지를 받으면 무엇이든 못할 게 없다고 생각하며 불도저처럼 밀어붙인다. 하나도 힘들게 느껴지지 않는다.

자랑할 일이 있는데 자랑하지 못하면 참기 힘들고 믿고 따르는 사람이 없거나 자신만 거부당하고 소외당했다고 느껴질 때 어렵다.

가끔 천진난만한 개구쟁이 모습을 보이지만 자신의 남자다움을 강조하면서 멋있게 보이려고 한다. 자신의 멋짐을 확인받으려고 한다.

명진 씨는 타인을 의식하지 않고 자기가 하고 싶은 대로 행동하고 말한다. 자신과 타인에게 솔직하려고 한다.

그는 속마음을 말하지 않는다면 상대는 알아차리지 못하기 때문에 불필요한 에너지가 소모될 수 있다고 생각한다.

자신에게 정직한 것이 타인을 위해서도 가장 좋은 배려라고 생각한다.

#02. 솔직한 사자

사자는 고양이과에 속하며, 몸집이 크고 기운이 세다. '백수의 왕'이라고 불리고 광활한 사바나 지역에서 서식한다. 온몸이 근육질로 덮여 있어 강인한 인상을 준다. 수컷은 약 3m의 몸길이에 몸무게는 약 230kg이다. 암컷은 수컷보다 작다. 사자는 하나 또는 여러 가족 단위를 기본으로 무리를 지어 산다. 사냥은 대개 암컷이 하고 먹이에 조심스럽게 접근해서 갑자기 속력을 내어 돌진한다.

사자 라이언은 당당해 보이는 남자다.

여자친구를 만나러 나갈 때 꾸미지 않은 듯 가장 멋진 모습으로 나간다.

남자친구의 시크한 모습이 참 멋져 보인다.

다른 사람들의 시선은 의식하지 않는다.

사자 라이언은 자질구레한 일은 신경 쓰지 않는다.

다른 이들에게 좀 더 좋은 방향으로 상황을 정리한다.

자신의 이익보다는 다른 사람들 입장을 먼저 배려한다.

친구들은 사자 라이언은 대인배라고 말한다.

사자 라이언은 친구들의 그런 말에 대수롭지 않게 넘긴다.

역시 나를 알아주는 친구들이라고 생각하며 그들을 더욱 믿는다.

사자 라이언은 여자친구에게도 시시콜콜 말하지 않는다.

여자친구가 알아서 자신의 마음을 알아줄 거라 생각한다.

그녀를 위해 이번 기념일에 명품지갑을 선물했다.

어떤 것을 선택해야 할지 속으로 고민은 했지만 내색하지 않는다.

당당하고 폼나게 그녀에게 선물하고 싶어서이다.

아무렇지도 않은 듯 쓱~ 선물을 내놓는다.

여자친구의 기뻐하는 모습을 기대하면서 말이다.

사자 라이언은 그녀를 위한 선물에 그녀는 당연히 기뻐하리라 생각했다.

그런데 선물을 전달한 그날 전혀 예상치 못한 그녀의 반응이 왔다.

그녀는 같은 값이면 다른 브랜드 지갑이 더 예쁘고 실용적이라는 말을 건넸다.

그런 후 고맙다는 말을 덧붙인다.

사자 라이언은 자신의 선물에 당연히 기뻐할 줄 알았던 여자친구의 반응에 실망한다.

그러나 섭섭한 그의 마음은 내색하지 않았다.

'다음부터는 비싼 선물 사주지 말아야지.'라고 사자 라이언은 마음으로 다짐한다.

쿨하고 대인배처럼 멋진 모습만 보이고 싶어서 섭섭한 자신의 마음을 솔직하게 표현하지 않는다면 속마음을 알아차리는 데는 많은 시간이 필요하다는 것을 사자 라이언은 모르는 것일까?

#03. 사랑을 꿈꾸는 솔직한 내 마음 돌보기

1. 내 감정에 나 자신은 솔직한가요?
2. 나의 감정을 보살피기 위해 무엇을 하나요?
3. 연인의 감정과 나의 감정 중 어디에 더 우선순위를 두나요?
4. 내 솔직한 감정표현이 사랑을 성장시키나요?

5. 내 감정표현에 대한 나 자신을 어떻게 생각하나요?

6. 건강한 관계를 위한 내 감정표현은 이대로 괜찮은가요?

7. 내 감정표현을 솔직하게 하지 못하는 이유는 무엇인가요?

#04. 감정에 솔직하지 못한 나에게

《감정에 솔직하지 못한 나에게》

이소라 지음 / 알에이치코리아(RHK)

http://www.yes24.com/Product/Goods/50310266

자신의 감정에 솔직하지 못하고 표현에 서툰 사람에게 전하는 감정 심리학이다. 저자는 감정 문제는 표현함으로 해결할 수 있다는 전제를 갖고 있다. 내 마음의 감정 성향 분석, 감정적인 상황 뒤에 남은 감정들이 어떻게 영향을 주는지를 이해하고 나를 힘들게 하는 상황에서 나를 지켜내는 심리학 수업이다.

[내 감정에 솔직한 연애 로드맵(연인과의 로드맵)]

연인과 로드맵 작성 Tip

1. 중요한 시기와 각 시기의 실행목표를 결정합니다.

2. 단계별, 시기별, 연도별로 작성합니다.

3. 주제별, 사건별 의미를 찾아 작성합니다.

질문 1 : 우리의 가슴 뛰는 꿈은 무엇인가요?

질문 2 : 우리의 가슴 뛰는 꿈을 찾아가는 과정을 이미지로 표현한다면 무엇

인가요?

장기 목표(3년~10년)

중기 목표 (1년 ~3년)

올해의 목표

로드맵 그리기

• 앞에서 작성된 초안을 근거로 로드맵을 작성

02

실패는 있어도 실망은 없는 그 여자

#01. 힘을 주는 태도

다솜 씨는 시원시원하고 시시콜콜 말하지 않아도 통하는 사람이 좋다. 전화통화를 잘 하지 않고 자주 만나지 않아도 어제 만난 것처럼 스스럼없다. 남자친구와도 소소한 대화를 많이 나누지 않는다. 남자친구는 그런 다솜 씨가 무심하게 느껴져서 때때로 외롭다. 이번에 등록한 바리스타 자격취득을 위해 퇴근 후에도 바쁘다. 다솜 씨의 이런 열정을 남자친구가 이해해주기를 원한다. 자신이 배우는 것을 함께 배우며 자기 계발을 위해 노력하기를 바란다.

열정 있는 그녀는 흥분 상태다. '뭔가 할 일이 없을까?' 이리저리 일을 계속 만들어 가는 흥분감이다. 쉬는 것도 게임이고 여행이다. 언제든 달려나갈 준비가 되어 있어 흥분되는 일상이다. 화가 나도 '욱!' 하고 소리 한번 지르고 나면 금세 원상 복귀된다. 한 귀로 듣고 한 귀로 흘린다.

그녀는 관심 없으면 남의 말을 듣는 둥 마는 둥~. 어지간한 일에는 꿈쩍도 하지 않는 강한 면이 있다. 그런 반면 속은 여린 면도 있다. 한번 꽂히면 열정적으로 빠져들기 때문에 주변 상황에는 무심할 만큼 신경 쓰지 않는다. 실제는 무심하고 신경을 안 쓰는 것이 아니라, 한쪽에만 집중하고 있기 때문에 다른 것에는 신경을 못 쓰는 것이다.

그녀는 대화할 때 시원시원하게 맞장구를 쳐주면 기분이 좋아진다. 영화 속 주인공같이 로맨틱하고 강렬하게 연애를 하고 사랑하기를 꿈꾸고 있다.

그녀는 하고 있는 일이나 하고 싶은 것을 인정받고, 지지받고 있을 때 그에게 사랑받고 있다고 느낀다. 하고 싶지 않은 것으로 그가 귀찮게 하지 않기를 바란다.

사랑하는 그가 다른 사람 칭찬은 될 수 있으면 내 앞에서 안 했으면 좋겠다는 표현을 자주 한다.

다솜 씨는 그가 작은 것이라도 잘한다고 칭찬해주기를 원한다. 긍정적이고 희망적인 대화를 자주 하고 친구나 직장 동료 등과 같은 다른 사람의 험담은 하지 않았으면 좋겠다. 그와 데이트를 할 때 가만히 앉아 대화를 많이 하는 것보다는 같이 재미있는, 뭔가 새롭고, 짜릿하고, 신나는 즐거운 경험을 많이 하는 데이트를 원한다.

다솜 씨에게 하던 일을 멈추고 가만히 쉬라고 하면 그녀는 우울해진다.

도전하고 실패해도 그녀는 부끄럽거나 낙심되지 않는다. 왜냐하면 다시 도전하면 되기 때문이다. 실패는 다시 도전하기 위한 밑거름이다.

다솜 씨는 남자친구에게 제안한다.
퇴근하고 함께 자기 계발을 위해 학원에 등록하자고.

다솜 씨는 사랑하는 그에게 원하는 것, 하고자 하는 것을 막지 않고 지원해 주는 것이다.
홧팅! 사랑해! 으쌰! 힘내!

#02. 열심 있는 고래

고래의 몸길이는 작은 곱등어 1.3m부터 흰긴수염고래 최대 30m로 다양하다. 흰긴수염고래는 세계에서 제일 큰 동물이다. 몸무게는 코끼리 몸무게의 25배이다. 최대 몸무게는 150톤이다. 이빨고래는 다 자란 후에도 몇 년 동안 어미와 새끼의 관계가 지속된다. 다 자란 상태에서 비상시에는 어미에게로 돌아가기도 한다. 고래는 지능이 매우 높은 동물이다. 연구에 의하면 무리 생활을 하며 유행가 등 독자적인 문화생활을 한다. 흰긴수염고래처럼 덩치가 큰 동물은 물속에서 작은 움직임에도 많은 변화를 가져올 수 있다. 여기에 열심히 최선을 다해 활동한다면 주변에 가져올 파장은 어마어마하다.

어릴 적 나는 물에서 노는 걸 좋아했다

손 닦으려 수도꼭지를 열어 놓고 물장난을 하느라 세면대 앞을 지키고 있었다.

목욕을 하기 위해 욕조에 들어가 물놀이 장난감들과 노느라 손발이 물에 팅팅 불어서 쪼글쪼글해도 엄마의 잔소리가 있기 전까지는 물 밖으로 나오지 않았다.

나는 고래를 꿈꾼다.

물에서 최고의 힘과 능력을 갖추고 있는 고래가 되고 싶다.

작은 생각이 내가 사는 세상을 바꿀 수 있는 힘이 있었으면 하는 바람이다.

고래는 큰 몸집으로 조금만 움직여도 그 넓은 바다에 영향을 미친다.

육지에서 가장 큰 몸집을 자랑하는 코끼리보다 무려 25배나 더 큰 고래를 상상해 본다.

코끼리의 무거운 발걸음이 땅을 짚을 때마다 쿵쿵 울리는 울림이 있다.

가장 최고의 코끼리도 물속의 고래와는 몸집에서 게임이 안 된다.

세상에서 가장 큰 동물 고래가 되고 싶다.

조물주는 사람을 만들 때 똑같은 모습은 한 사람도 만들지 않았다.

비록 쌍둥이로 태어났더라도 다르다.

내 안에는 가장 큰 나만의 세상이 있다.

그 세상을 마음껏 펼쳐 나가기만 하면 된다.

나만의 세상에서 마음껏 꿈꾸고 펼치면서 원하는 대로 넓은 바다에 영향을 줄 수 있다.

묵묵히 나의 고래와 당당히 움직이다 보면 작은 이 세상은 변화하고 있을 것이다.

쉬지 않고 열심히 넓은 바다에서 헤엄치는 고래와 같은 나를 응원한다.

#03. 사랑을 꿈꾸는 열심 있는 내 마음 돌보기

1. 내가 느끼는 나의 첫 번째 성공은 무엇인가요?

2. 나의 첫 번째 성공에 가장 기뻐한 사람은 누구인가요?

3. 성공했을 때 받았던 보상은 무엇이었나요?

4. 가장 최근에 경험한 실패는 무엇인가요?

5. 실패했을 때 가장 가까이 있던 사람은 누구였나요?

6. 실패한 원인은 무엇 때문이라고 생각하나요?

7. 다시 도전하여 성공한다면 어떤 보상을 받고 싶은가요?

#04. 열심히 사랑하고 있습니까

《열심히 사랑하고 있습니까》

정윤선 지음 / 씽크뱅크

http://www.yes24.com/Product/Goods/4610177

　일상에서 부딪히는 사소하지만 특별한 사랑의 순간들을 담담하면서도 가슴 저린 시선으로 담아냈다. 지금 이 순간, 후회하지 않을 만큼 사랑하고 있는지를 묻는다. 누구나 한번은 겪어봤을 익숙한 이야기들을 섬세한 관찰력으로 익숙한 이야기들에 생명력을 불어넣었다. 냉철한 시선으로 다가가다 때로는 따뜻하게 공감할 수 있다. 기억을 잃어버린 이나 추억이 바래진 이들에게 묻는다. 지금 열심히 사랑하고 있느냐고.

힘이 되어 주는 사랑

용혜원

사랑은 모든 병을
치료해 주는 놀라운 힘을
가지고 있습니다

실망에 빠져 있을 때에도
그대의 말 한마디
그대의 손길에 따라
나는 다시 힘을 얻고
일어나 열정을 다해
살기로 다짐을 합니다

사랑은 모든 것을
이길 수 있는 힘을 줍니다

그 사랑을 위하여
그대를 만나게 된 것은
행복 중의 행복입니다
홀로 이루려는 사랑보다
둘이 이루는 사랑에
아름다운 결실이 있습니다

그대가 주는 사랑은
삶에 힘이 되어 주는
사랑입니다.

03

화내지 않고 절제하는 그 남자

#01. 마음에 귀 기울여 듣기

은주 씨와 재훈 씨는 연애 7년 차입니다. 재훈 씨는 사교적이고 사람들과 쉽게 친해집니다. 취미는 오토바이 타기, 자전거 타기, 테니스, 수영, 드럼 등 다섯 가지 이상은 됩니다. 새로운 것을 하면서 배우고 익히면 신이 납니다. 다양한 사람들과 다양한 경험을 하는 것이 좋습니다. 통하는 사람들과 만나서 주제가 있는 토론을 즐깁니다. 재훈 씨는 반복되는 일은 싫어합니다. 매일 뭔가 새로움이 있었으면 좋겠습니다.

은주 씨는 모범적이고 성실한 사람입니다. 책임감 있고 약속을 잘 지킵니다. 일을 계획할 때는 아주 신중합니다. 결정한 계획은 끝까지 밀고 나갑니다. 끈기 있게 끝까지 마무리합니다. 도덕적인 사람이라 사회질서를 중요하게 생각합니다. 교통질서를 한 번도 어긴 적이 없습니다. 신호 위반이나 각종

범칙금을 내는 사람들이 이해되지 않습니다.

　재훈 씨와 은주 씨는 사내 커플입니다.

　어릴 때 재훈 씨는 부모님과 사이가 좋지 않았습니다. 어린 시절 자라면서 들었던 말은 "시끄럽다, 산만하다, 정신없다."입니다. 체벌을 견뎌야 했고, 눈치를 보며 행동해야 했습니다. 은주 씨는 어릴 때 행동이 느리고 굼뜨다는 야단을 많이 들었습니다. 그러나 예의 바르고 모범적이었습니다. 부모님의 자랑이었습니다. 재훈 씨와 은주 씨는 어느 순간 연인이 되어 있었습니다.

　은주 씨는 다정다감한 재훈 씨가 눈에 들어왔고, 재훈 씨는 성실한 은주 씨가 사랑스러웠습니다.

　퇴근 후 음악동호회에서 악기를 배우며 음악을 함께 하면서 두 사람은 가까워졌습니다. 은주 씨는 가끔은 둘만의 시간을 원했습니다. 그러나 재훈 씨는 수영을 함께해보자고 제안했습니다. 분위기를 바꿔보면 더 좋아질 것이라는 그의 제안을 거절하지 못하고 함께 수영을 배우러 다녔습니다. 은주 씨는 그가 즐거워하는 모습에 위로가 되기도 했습니다. 주말에는 오토바이를 타기 위해 오토바이를 폼나고 멋진 더 좋은 것으로 업그레이드해 구입했습니다. 은주 씨는 사랑하는 그와 관계를 망가뜨리고 싶지 않았습니다. 싫지만 그가 원하는 대로 맞춰주었습니다.

　은주 씨는 점점 지쳐갑니다. 그와 관계를 끝내야 할지 고민 중입니다.

말만 많고 현실적이지 않은 그가 걱정이 되기도 하고 불안합니다. 경제적인 면에서도 계획적인 지출이 아닌 즉흥적으로 사용하는 그를 보며 미래를 예측할 수 없습니다.

은주 씨는 신중하고 계획적인데 그와 함께 있을 때는 자존감이 점점 낮아집니다. 따지고 들고 고리타분하다며 면박을 주는 그와 자주 마주하게 되기 때문입니다. 사랑하는 사이라고 해서 서로 같은 생각 같은 취미를 가질 필요는 없습니다. 연인이 서로 같을 필요는 없습니다.

사랑하는 사람이 무엇을 할 때 즐거워하고 어떤 환경에서 힘겨워하는지 연인의 마음에 귀를 기울여 보기를 바랍니다. 좋은 연인이 되기 위한 첫걸음은 서로에게 맞추려고 노력하는 것이 아닙니다. 무엇을 원하는지 알아보려는 마음이며 서로를 격려하면서 발전하도록 돕는 것입니다.

#02. 절제하는 곰

곰은 몸체가 크다. 다리는 짧고, 몸무게는 65kg의 작은 태양곰에서 800kg 알래스카 곰까지 다양하다. 곰은 한국의 경우 건국 신화인 단군 신화에서 웅녀, 고구려와 백제 사람들도 영험한 동물로 인식했다. 곰은 번식기 외에는 단독생활을 하며 일반적으로는 온순하지만 큰 몸체에 비해 동작이 빠르고 위협받는다고 느끼면 난폭해지는 특성이 있다.

피부미인 하양이 곰은 매끈한 피부에 잡티 하나 없는 새하얀 피부다.

특별히 관리하지 않아도 잘 유지된다.

하양이 곰은 자신의 피부는 당연하다고 생각하고 있다.

가끔은 연인 갈색이 곰을 볼 때 게으르다고 느껴 구박을 할 때도 있다.

"잘 씻고 다니고 외모에 신경을 좀 써줘."라고 타박을 할 때도 있다.

물론 하양이 곰은 연인이 기분 상하지 않도록 목소리 톤은 부드럽게 하고 듣기 거북하지 않은 말로 하려고 신경 쓰기는 한다.

연인 갈색이 곰의 외모가 아주 싫지는 않다.

그러나 하양이 곰의 연인이 되려면 기본적인 외모로 꾸며야 한다고 생각한다.

갈색이 곰은 연인 하양이 곰의 조언이 마냥 좋지만은 않다.

자신은 매일 씻고 관리도 잘하고 있기 때문이다.

갈색이 곰을 멋있다고 말해주는 친구들도 아주 많다.

자신의 외모를 평가하는 연인의 사랑이 의심된다.

있는 그대로 봐주지 않고 자기 기준에 맞추라고 하고, 바꾸라고 하는 게 사랑이라고 생각하지 않는다.

갈색이 곰은 하양이 곰을 사랑한다.

그러나 자신의 외모나 태도를 스스럼없이 지적하는 연인에게 상처받는 자신의 마음을 어떻게 표현해야 할지 고민이 깊어진다.

#03. 사랑을 꿈꾸며 절제하는 내 마음 돌보기

1. 사랑을 위해 나는 무엇을 절제하고 있나요?

2. 기쁜 일이 생기면 가장 먼저 누구에게 말하나요?

3. 기쁜 일을 알게 된 상대가 어떻게 기뻐해 주기를 원하나요?

4. 걱정이 있으면 어떻게 행동하나요?

5. 자신은 연인에게 어떤 상처를 주고 있나요?

6. 연인에게 무례하거나 거친 말과 행동은 얼마나 자주 하나요?

7. 연인을 위해 자신의 감정은 어떻게 절제하나요?

#04. 절제의 행복학

《절제의 행복학》

정윤선 지음 / 씽크뱅크

http://www.yes24.com/Product/Goods/68827670

욕망은 욕망으로 채울 수 없기에 결국 욕망을 욕망하게 된다. 책은 행복, 성공, 치유의 세 부분으로 나누어져 있다. 행복이 곧 성공이고 치유는 행복에서 시작한다는 뜻이 연결되어 있다.

강이 스스로 만족한다고 바다 되기를 거부할 수 없듯이 삶은 계속 흐르고 행복한 강은 더 큰 행복의 바다로 바뀐다. 과정에서 행복하기를 두려워하지 말라고 말한다. 내 삶은 내 것만이 아니다. 살아가면서 단 한순간도 홀로 존재하지 않는다. 내 삶이 바뀌면 다른 사람의 삶도 바뀐다. 그 어떤 성공도 나만의 성공은 없다고 말한다. 세상의 수많은 불행이 왜 내게만 생기는 것일까? 다양한 이유로 아픔을 견디는 것은 위대한 일이라고 말한다. 불행에 대한 두려움을 선택하지 말라. 웃음은 치유의 습관이다. 행복은 받아들이면서 시작된다.

[절제가 필요한 5가지 이유]

1. 심리적 관점 : 선택지 줄이기

- 끊임없이 자신을 계발하려고 애쓰는 대신 인생에서 결코 바꿀 수 없는 것들과 함께 살아가는 법을 배우는 것이 중요하다. 내 삶의 한계에 대해 깨달을 심리적 준비

2. 실존적 관점 : 진짜 원하는 것 하나만 바라기

• 가치 있는 단 한 가지만을 바라는 마음의 순결을 통해 자신의 삶을 유일하고 가치 있는 것으로 만들어야 한다. 더 많이 경험하지 않아도 되는 실존적 이유

3. 윤리적 관점 : 기뻐하고 감사하기

• 타인과의 관계를 맺으며 서로 협동하며 살아간다. 타인과의 관계에서 자신을 절제할 수 있을 때 감사할 수 있다. 경제학이 알지 못하는 인간의 윤리적 가능성

4. 사회·정치적 관점 : 단순하게 살기

• 세상은 한계가 있다. 한 개인이 몸담고 있는 사회가 지속 가능하기 위해서는 불필요한 낭비를 없애는 환경 · 정치적 절제가 필요하다. 지속 가능한 삶을 위한 정치적 결정

5. 미학적 관점 : 기쁜 마음으로 뒤처지기

• 가지기 위해 애쓰기보다 있는 것 안에서 누릴 수 있을 때 삶은 행복으로 이어진다. 일상이 즐거워지는 삶의 미학적 형식

(출처 : 《절제의 기술》, 스벤 브링크만)

더 나은 삶을 위해 준비하는 그 여자

#01. 계획은 모든 상황의 기초다

미영 씨는 최근 퇴직을 한 상태다. 새로운 직장에 입사 합격이 되어 있어서다. 그녀는 그동안 수고한 자신에게 보상이라도 하듯 휴식을 취하며 새 출발을 준비하고 있었다. 그러는 과정에서 이직하기로 한 회사 사정으로 출근이 잠정 보류되었다. 미영 씨는 어찌해야 할 줄 모르게 크게 혼란스러웠다. 가족들은 그동안 직장생활을 하면서 애썼으니 당분간 쉬기를 권했지만 받아들이기 힘들다. 큰 용기를 내어 이직을 결정하였는데 계획대로 되지 않는 이 상황에 몹시 불안해하고 있다.

미영 씨는 상황을 고려하면서 계획적으로 서서히 일을 해나가는 사람이다. 모범이 되는 사람이다. 계획은 신중하게 하고 한번 정한 계획은 밀고 나간다. 무언가 새롭게 시작할 때 모험적이기보다는 안정적인 것을 선호한다. 모든 순간 최선을 다하는 사람이 좋고 그런 사람들과 깊은 만남을 이어가고 싶다. 반면 잘난 척하고 어디서나 나서고 말만 많은 사람, 현실적이지 않고 허황된 사람을 만나게 되면 불편하다. 세워진 계획대로 안 하고 약속을 어기고 안정을 깨는 사람과 함께 일을 도모하는 것을 극도로 꺼린다. 또 어떤 상황에서 감정적으로 질척거리는 사람을 상대하기가 쉽지 않다.

미영 씨는 남자친구의 감정이나 정서를 무시한다는 말을 자주 듣는다. 남자친구가 조금이라도 건드린다고 느껴지면 불같이 화를 내며 기분 나쁨을 표현해야만 속이 풀린다. 둘이 함께하는 시간도 즐겁고 좋지만, 혼자만의 시간을 매우 즐긴다. 그 시간을 갖기를 원한다고 말하기도 했다. 남자친구와 알콩달콩 즐거운 시간을 보낼 때 시시콜콜 이야기를 잘 하지 않는다. 확실하지 않은 일에 대해 막연하게 이야기 나누는 것도 많이 불편하게 생각된다.

남자친구와 이야기를 나눌 때 뜬구름 같은 이상적인 이야기보다는 현실에 도움이 되는 대화를 할 때 편하고 시간을 잘 쓰는 것 같다. 그래서 즐겁고 가벼운 대화도 무겁고 진지하게 끌어가면서 분위기를 무겁게 만드는 재주가 있다. 웃자고 던진 말에 죽자고 덤비는 그녀다.

현실적이고 계획적인 미영 씨는 새로운 직장의 출근이 잠정 보류된 이 상황에서 여러 모든 상황을 대비해야 해서 걱정과 한숨이 사라지지 않는다. 시시콜콜한 이야기가 아니라 현실적인 계획을 세우는 데 남자친구와 함께 머리를 맞대고 싶다. 그러나 말처럼 쉽지 않다.

늘 하던 대로만 하려고 하는 그녀는 남자친구의 새로운 방향이나 생각을 받아들이기 어려워서 그의 계획이나 정리가 빨리 받아들여지지 않는다.

미영 씨는 생각지도 못했던 돌발 상황이 벌어졌을 때 먼저 해야 할 일은 상황에 대한 차분한 정돈이다. 정돈은 해결의 시작이 된다고 생각한다.

#02. 준비하는 다람쥐

다람쥐는 쥐와 비슷하게 생겼다. 쥐보다는 크고 꼬리가 굵다. 몸길이는 15~16cm이고, 꼬리는 약 12cm이다. 나무타기를 잘하고 잣, 도토리, 밤, 땅콩, 곤충 등을 먹는다. 나무 위의 새알을 꺼내 먹기도 한다. 다람쥐는 성질이 온순하여 애완용으로 많이 기른다. 겨울에는 나무 구멍에서 살면서 주로 낮에만 활동한다. 추운 지방에서 사는 다람쥐는 겨울잠을 잔다. 잠에서 깨어나서는 가을에 저장해 두었던 먹이를 먹는다. 도토리, 밤 등 열매를 즐겨 먹는다.

빨빨이 다람쥐와 완벽이 다람쥐는 연인이다.

빨빨이 다람쥐는 아침에 일어나면서부터 부지런쟁이다.

창문을 활짝 열어 맑은 공기를 마신다.

그 후 빠르게 아침 식사를 마치고 출근을 준비한다.

아침 식사 전에 자신의 방 청소는 물론 쓰레기 분리배출까지 마쳤다.

연인 완벽이 다람쥐의 아침은 알람 소리로 시작한다.

정확하게 일어나서 일과를 메모한다.

간단히 아침을 먹고 정해진 시간에 현관문을 나간다.

출근 후 시간에 맞춰 업무계획을 기록한다.

몇 시에 커피를 마실지 오늘 점심 식사는 어디에서 무엇을 먹을지 미리미리 기록해둔다.

빨빨이 다람쥐는 부지런함이 이 세상을 살아가는 데 최고의 무기라고 생각한다.

게으름을 피우는 동료들을 보면 이해가 안 간다.

연인과 만나 데이트를 할 때도 시간을 허투루 쓰지 않기를 바란다.

계획적으로 시간과 돈을 쓰고 뭐라도 남는 데이트를 하고 싶어 한다.

완벽이 다람쥐도 정확한 것을 중요하게 생각한다.

시간과 돈은 우리의 미래라고 생각한다.

둘은 이런 생각이 착착 잘 맞아 너무 좋다.

아주 가끔 계획한 대로 일이 진행되지 않을 때 멘털이 붕괴된다.

#03. 사랑을 꿈꾸며 미래를 준비하는 내 마음 돌보기

1. 방이나 사무실이 정리정돈이 안 되어 있을 때 나는 어떤가요?

2. 계획되지 않은 상황에서 문제를 만났을 때 어떻게 하고 싶은가요?

3. 시끄러운 장소에 있을 때 내 마음은 어떤가요?

4. 내 마음이 가장 편한 환경은 어떤 곳인가요?

5. 나의 미래 경제를 위해 어떻게 준비하고 있나요?

6. 연인의 데이트 비용 방식에 대해 어떻게 생각하나요?

7. 연인과의 미래를 위해 무엇을 준비하고 있나요?

#04. 여자 20대 명품인생을 준비하라

《여자 20대 명품인생을 준비하라》

정영순 지음 / 라테르네

http://www.yes24.com/Product/Goods/2837306

"명품인생은 자신을 존귀하게 여길 때 비로소 시작된다."고 저자는 말한다. 긍정적이고 창조적인 삶을 살도록 가르쳐주는 자기 계발서이다. 명품을 위해서는 기꺼이 비싼 값을 치른다. 값을 치르고 싶은 최고 명품으로 자신의 가치를 높여라. 오리지널 명품인생을 사는 것은 오직 당신에게 달렸다. 명품인생은 다른 사람들이 자신을 어떻게 보느냐에 신경을 쓰면서 다른 사람의 삶을 흉내 내는 것이 아니다. 자신의 의사가 뚜렷하고, 하나밖에 없는 소중하고 귀한 존재임을 알고 자신의 삶을 스스로 손에 거머쥐는 것이다. 무엇이든 될 수 있는 20대부터 자신의 아름다운 인생으로 승화시킬 준비를 하라.

[명품인생 준비 10]

1. 당신의 다이아몬드가 빛을 발하게 하라.

- 당신은 진품 중의 최고 진품이다.

2. 높은 하늘에서 큰 날개를 편 독수리를 부러워하라.

- 당신의 알을 깨뜨리고 나와 넓고 자유로운 세상을 바라보라.

3. 하늘을 보는 자가 별을 딸 수 있다.

- 자신의 최상의 모습을 생각하라. 보라. 말하라.

4. 명품을 위해서는 기꺼이 비싼 값을 치른다. 자신의 값을 올려라.

- 기꺼이 값을 치르고 싶은 최고 명품으로 거듭나라.

5. 당신이 진정 무엇을 원하는지 보고, 듣고, 느끼게 하라.

- 눈에 보이는 이미지가 내면의 값을 드러낸다.

6. 백마 탄 왕자를 기다리지 말고 스스로 백마에 올라타라.

- 유리관 속에 누운 공주를 태워 줄 백마 탄 왕자는 없다. 잊어라.

7. 당신의 몸은 우주를 담고 있는 귀한 그릇이다.

- 몸을 귀하게 대하면 몸이 귀한 것으로 보상해 줄 것이다.

8. 진정한 자유는 경제적 자유에서 시작이 된다.

- 자신의 먹이를 찾아 날아오르는 새를 보라.

9. 먼저 물에 뛰어들어야 수영을 배울 수 있다.

- 자신감은 준비와 함께 퍼덕인다.

10. 당신이 얼마나 귀한 사람인지를 기억하라.

- 당신은 풍요와 성공과 건강과 행복을 위해 이 땅에 태어났음을 기억하라.

05

힘든 상황에도 불평하지 않는 그 남자

#01. 기쁨은 생명 에너지의 근원

진우 씨는 '엄친아'다. 학창시절 부모님에게 꾸중 한 번 듣지 않고 성실한 부모님의 자랑이고 힘이었다. 대학도 부모님이 원하는 명문대에 입학하여 졸업과 동시에 취업했다. 그야말로 고속도로 삶을 살고 있다. 계획하면 그대로 이루는 실패를 모르고 살아온 진우 씨다.

주말이면 자연과 함께할 수 있고 건강도 챙길 수 있다는 생각에 자전거 동호회에 가입하여 활동했다. 연둣빛의 작은 잎이 나뭇가지에 달리더니 어느덧 짙은 초록의 푸르름이 가득한 나무가 되기까지 진우 씨는 주말을 자전거 동호회 회원들과 지냈다. 계절의 변화를 느낄 수 있고 강변을 한 바퀴 돌고 오면 시원한 쾌감이 있어서 좋았다. 자전거 동호회에서 회원으로 알게 된 경미 씨와 어느덧 가까워져서 좋은 마음으로 지내고 있다. 진우 씨는 경미 씨의 조건 따위는 걸림돌이 되지 않는다. 마음이 통하고 함께 있으면 웃게 되고 시간 가는 줄 모른다. 그런 경미 씨와 미래를 생각하고 있다. 경미 씨는 한번 결혼에 실패한 사람이다. 진우 씨는 부모님께서 경미 씨 환경이 아닌 경미 씨만 바라봐 줄 것이라 확신하고 있다.

자신이 사랑하는 사람을 나의 부모나 나의 친구가 함께 환영하고 인정해 주기를 모두가 바란다. 그러나 부모의 기대에 미치지 못하는 사람을 가족으로 받아들이는 것은 부모로서 힘들 수밖에 없다. 자녀가 선택한 사람이니 '나는 너를 믿는다.'라고 말하고 싶지만, 자녀를 가장 잘 아는 부모는 미래가 훤히 보이는 가시밭길을 인정하기가 쉽지 않다. 외적인 조건을 보면서 자녀와 맞지 않을 거라고 확신하는 부모는 반대의 길을 선택한다.

부모는 배신감에 슬퍼하고 자녀는 부모의 태도에 상처받는다.
세상을 좀 더 살아온 부모는 더 넓은 시야로 자녀의 미래를 보면서 권면하지만 소용없다.

사랑의 호르몬 작용이 끝나고 눈에 콩깍지가 벗겨진 후에도 평생의 동반자로 함께하고 싶은 사람이라면 자신의 선택대로 진행하라. 후회하지 않고 사랑하면 된다. 부족한 환경이라고 그 사람과 함께 하는 일을 주저할 필요는 없다. 그러나 함께할 사람으로 존경하고 존중하며 같이 갈 수 있는 사람인지는 반드시 따져 봐야 한다.

사랑하는 사람과 가정을 이루는 데 모두가 행복한 방법은 힘든 상황이라도 불평하지 않고 기다려 주는 것이다. 자녀의 선택을 넉넉히 인정해 주고 받아 주면서 자녀의 사랑을 응원하는 시간이 올 때까지 부모는 조금만 기다려라. 가정이 기쁨으로 뿌리를 내리게 된다.

#02. 기쁨 있는 수달

수달은 갓 태어났을 때는 물을 두려워한다. 어미가 물 가까이 데리고 가서 조금씩 뿌려주면서 점진적으로 적응시킨다.

어린 수달은 어머니의 돌봄이 기쁨과 좋은 것을 가져다주는 원천임을 알게 된다.

수달은 천연기념물 제330호다. 몸은 가늘고 꼬리는 매우 길어 몸통의 3분의 2 정도이다. 다리는 짧고 발가락 사이에 헤엄치기 편리한 물갈퀴가 있다. 수중생활을 하기에도 좋다. 포유동물로 강과 하천이나 호숫가에 산다. 나무뿌리 밑이나 땅에 구멍을 파고 산다.

수달과 비버는 연인이다.

수달은 재미있는 여자다.

비버는 과묵한 남자다.

친구들은 수달의 직업을 개그우먼 하면 잘 맞겠다고 한다.

수달은 침울한 분위기를 참아내기가 힘들다.

자신을 보면서 웃어주고 즐거워하면 살맛이 나고 기쁘다.

에너지가 솟아나는 것 같다.

남자친구 비버는 말이 별로 없다.

그녀의 이야기를 가만히 들어주는 것이 그의 몫이다.

여자친구의 재미있고 유쾌한 농담도 크게 웃어주지는 않지만, 그런 그녀를 말리거나 제지하지 않는다.

자신과 다른 그녀 옆에 있으면 새로운 에너지가 생기는 것 같다고 한다.

친구들은 둘을 너무도 안 어울리는 커플이라고 놀린다.

그러나 둘은 같이 있으면 너무 편하고 좋다.

자신과 다른 모습의 연인에게서 용기를 얻기도 하고 위로를 받기도 한다.

배울 점이 많다고 생각하고 있다.

그러나 연인처럼 행동하라고 하면 절대 그렇게는 못 하고 살 것 같다.

#03. 사랑을 꿈꾸는 기쁨 있는 내 마음 돌보기

1. 최근 가장 행복했던 일은 무엇인가요?

2. 나를 행복하게 하는 사람은 누구인가요?

3. 내가 행복하기 위해 필요한 것은 무엇인가요?

4. 행복을 위해 나는 무엇을 하고 있나요?

5. 나를 힘들게 하는 것은 무엇인가요?

6. 나는 힘든 일을 극복하기 위해 무엇을 해야 하나요?

7. 나는 기쁜 일이 생기면 어떻게 하나요?

#04. 철학, 기쁨을 길들이다

《철학, 기쁨을 길들이다》

프레데릭 르누아르 저 · 이세진 역 / 와이즈베리

http://www.yes24.com/Product/Goods/32538989

현대인들은 순수한 기쁨을 누리는 데 서툴다. 그러나 고통, 분노, 불안이라는 감정에는 쉽게 휘둘린다. 기쁨이 내게 찾아오기를 기다리는 것이 아니라 기쁨을 자세히 관찰하고 그 기쁨이 내 곁에 오래 머물 수 있도록 자신을 훈련하자고 말한다. 세계적인 철학자이자 종교사학자인 프레데릭 르누아르는 장자, 예수, 몽테뉴, 스피노자, 니체, 베르그송 등 기쁨을 중점적으로 사유한 사상가들의 지속 가능한 기쁨을 길러낼 수 있는 해답을 모색한다. 지속 가능한 기쁨의 지혜를 제시한다. 현대 문화에서 참된 기쁨을 어떻게 추구할 것인지 기쁨이 곁에 오래 머물 수 있도록 하기 위해 내 마음 길들이는 길을 안내해준다.

[철학, 기쁨을 길들이다]

- 현자는 무슨 수를 써서라도 자기 뜻에 세상을 고치려 하지 않는다.
- 우리는 쾌락과 행복을 혼동하고 있다
- 자신의 뿌리 깊은 본성과 열망에 부합하는 삶을 위해서는 먼저 자기 자신을 알아야 한다.
- 자유로운 존재로 태어나는 게 아니라 그렇게 되어가는 것이다.
- 세상을 바꾸려면 자기 자신을 바꾸어야 한다.
- 타인의 기쁨에서 자기 기쁨을 찾아라. 그게 행복의 비결이다.
- 가장 진실한 모습의 사랑은 자율적이고 독립적이며 자유로운 두 사람의 관계이다. 사랑은 소유가 아니라 상대가 마음껏 숨 쉬게 해주는 것이다.
- 살아가는 기쁨은 살아있다는 단순한 상태 외에는 아무것도 따지지 않는다.

06

다정한 말로 갈등 없이 협상하는 그 여자

#01. 매력적인 언어

즐겁게 이야기하다가도 어느 순간 표정이 변한 모습을 종종 보이는 혜슬 씨다. 가끔 섭섭한 마음이 들더라도 연인이 자신에게 이해되는 사과를 하면 금방 마음이 풀린다. 평소 호기심이 많아 다양한 취미활동을 하기 위해 이것 저것 찾아다니지만, 한 가지에 집중하기가 어렵다. 금세 새로운 것을 찾아서 정열적인 눈을 돌리는 사람이다.

혜슬 씨는 '아는 것이 힘이다.'가 자신에게 딱 맞는 말이라고 생각한다. 늘 바쁘고 분주하다. 무엇인가에 집중하여 꼼꼼히 완벽하게 하려고 바쁜 것이 아니라 궁금한 것을 두루 알기 위해 바쁘다. 혜슬 씨는 이것저것 넓고 다양하 게 많은 것을 알고 싶다. 새로운 정보나 지식을 위한 모임이나 만남은 시간이 아깝게 생각되지 않고 의미 있고 즐겁게 시간을 보낼 수 있다.

혜슬 씨는 남자친구가 자신의 재미있고 다양한 호기심을 칭찬할 때 기분이 좋아진다. 혜슬 씨의 대화를 즐겁게 받아주고 질문을 많이 해줄 때 자신이 관심받고 존중받고 있다고 느낀다.

연인과 늘 똑같은 패턴의 데이트는 재미없다. 새로운 경험이나 운동을 하거나 가보지 않았던 새로운 곳으로의 이색적인 여행이나 이벤트가 있는 데이트를 하고 싶다. 연인이 구속하지 않고 자유롭게 배려하기를 원한다. 연인과는 마음이 통하는 친구 같은 느낌을 갖고 싶다.

요즘 남자친구와의 갈등이 자주 있다. 혜슬 씨는 밖에 나가서 다양한 볼거리와 장소에서 데이트하고 싶은데 집에서 쉬면서 같이 있기를 원한다. 남자친구는 피곤하다면서 대화를 피하고 갈등이 생기면 상황을 이해시켜 주지 않고 무조건 자신의 의견을 밀어붙이면서 강요한다. 혜슬 씨에게 한 가지에 집중하지 못하고 이것저것 다양하게 늘어놓는다며 산만하다고 무시하는 듯한 태도를 보이기도 해서 마음이 괴롭다.

혜슬 씨는 연인과 데이트를 하면서도 자신이 알고 있고 다양한 정보들을 나누고 서로 소통하기를 원하는 사람이다. 서로 소통이 잘 되는 매력적인 언어를 사용하고 싶다. 의사소통은 언어적인 요소와 비언어적 요소가 있다. 의사소통의 비언어적인 요소가 93%의 영향을 미친다. 표정, 몸짓, 목소리 등 그 사람의 감정이 고스란히 전달되는 의사 표현이다. 혜슬 씨는 비언어적인 의사소통을 매우 잘하는 사람이다. 사랑하는 연인에게 다정한 목소리로 연인에 관한 관심과 사랑을 담은 눈빛으로 그를 바라보며 말할 수 있다. 따뜻한 표정으로 센스있는 옷차림을 하고 지식을 기반으로 한 논리적인 내용으로 자신의 의견을 말할 수 있는 사람이다.

대화할 때는 말하는 내용보다는 말하는 사람의 비언어적인 요소가 대화를 이끌어 간다고 할 수 있다. 사랑하는 사이라고 해서 함부로 말하는 일은 없어야 한다. 사랑하는 사이의 매력적인 언어는 상대를 존중하는 비언어적인 요소가 표현될 때이다. 목소리와 표정으로 사랑을 장착한 후 대화를 시도한다면 더욱 깊어지는 사랑을 하게 될 수 있다.

#02. 설득력 있는 공작새

공작은 꿩과에 딸린 새다. 시선을 끌지만 실제로는 닭의 한 종류이다. 꿩과 비슷하나 몸집은 더 크다. 암컷의 날개는 40cm, 수컷은 50cm가량 된다. 꼬리를 펴면 큰 부채와 같이 둥글고 잔무늬가 많아서 매우 아름답다.
그 아름다운 깃털과 위엄 있는 풍채로 공작새는 왕족의 궁중으로 입성하는 데 성공한 것이다.

오색 공작새와 파랑새는 연인이다.

둘은 만나기만 하면 티키타카가 잘 된다. 주거니, 받거니 둘은 심심하지 않다. 대화가 통한다고 할 수는 없지만 만나면 재미있다.

때로는 서로의 의견충돌로 토라져서 헤어질 때도 있다. 그러나 그때뿐이다. 언제 그랬냐는 듯이 둘은 아무렇지도 않게 만나서 이야기꽃을 피운다.

오색 공작새는 연인이 자신을 멋진 남자로 대접해 주기를 바란다.
자신이 무슨 말을 하면 비판 먼저 하는 것이 아니라 왜 그 말을 했는지 먼저 생각해 주기를 바란다.
파랑새는 연인이 자신의 마음을 잘 알아주기를 바란다.
자신의 마음이 지금 불편한지 기분이 좋은지 그렇지 않은지를 살펴주기를 바란다.

둘은 조용한 침묵이 흐르는 것을 참지 못한다.
무슨 말이라도 해야 마음이 편하다.
그러다 보면 깊이 생각하지 않고 입으로 먼저 툭 나오는 말들이 있기는 하다.
'실수다.'라고 생각할 때는 이미 엎질러진 물이 되어 있다.

사랑하는 그녀가 내가 하는 말을 그냥 받아주면 너무 행복할 것만 같다.
사랑하는 그가 내 감정을 살피면서 말해주면 너무 좋을 것 같다.
둘은 서로의 마음을 끄집어 내놓지는 못하고 오늘도 논쟁만 하다 헤어졌다.

둘은 정말 사랑하는 사이가 맞는지 의심이 들 만큼 힘들다.

#03. 사랑을 꿈꾸는 설득력 있는 내 마음 돌보기

1. 나는 연인의 말에 귀를 기울이나요?

2. 나는 연인의 말과 행동 중 어디에 더 빠르게 반응하나요?

3. 연인과 이야기 나누면 마음이 어떠한가요?

4. 나의 표현방식을 연인은 존중하나요?

5. 말하기, 읽기, 듣기, 쓰기 중 나는 무엇을 가장 잘하나요?

6. 말하기, 읽기, 듣기, 쓰기 중 연인은 무엇을 가장 잘하나요?

7. 연인과 가장 편안하고 잘 통하는 소통방식은 무엇인가요?

#04. 설득의 법칙

《설득의 법칙》

폴커 키츠 저 · 장혜경 역 / 포레스트북스

http://www.yes24.com/Product/Goods/117713194

책소개

우리는 어떻게 하면 상대의 마음을 내가 원하는 방향으로 움직일 수 있을까를 고민한다. 그 방법은 내 마음 안에 있는, 인정받고 싶은 욕구를 최대한 넣어놓고 상대의 숨겨진 욕망을 건드리는 데 초점을 맞추라고 강조한다. 우리가 알고 있는 것들을 뒤집고, 원하는 것을 얻기 위한 전략들을 영리하게 제시한다. 이 책에는 우리가 원하는 방향으로 이끌 수 있는 강력한 무기를 찾아낼 수 있도록 안내한다.

[사람의 마음을 끌어당기는 10가지 심리학]

1. 설득은 이성과 논리로 하는 것이 아니다.

2. 상대의 숨겨진 욕망을 건드려라.

3. 상대조차 모르게 상황을 리드하라.

4. 이성 대신 의지를 공략하라.

5. 뇌의 게으름을 이용하라.

6. 상대의 동기를 활용하라.

7. 올바른 인물을 택하라.

8. 당신의 말을 경청하게 하라.

9. 협상하지 말고 조종하라.

10. 군중의 힘을 활용하라.

07

상처와 치유에 관심 있는 그 남자

#01. 가던 길을 멈추게 하는 그대의 상처

부드러운 미소에 품위 있는 모습의 동호 씨는 회사에서 선후배 관계가 매우 좋다. 범접할 수 없는 부드러운 카리스마가 있다. 특별히 말이 많은 것도 아니고 이런저런 불평을 직원들에게 털어놓는 일도 없다. 직장 동료들과 다툼을 일으키는 일도 없다. 많은 친구가 있는 것은 아니지만 외톨이처럼 혼자 있는 것도 아닌, 늘 가까이하는 몇몇과 이런저런 마음을 나눈다.

동호 씨는 이런 것은 좋다, 저런 것은 나쁘다, 누가 잘했네 못했네 등……. 평가나 비평을 하지 않는 사람이다. 좋게 보면 부드러운 사람이라 할 수 있지만, 그의 속마음을 도통 알 수 없는 사람이기도 하다. 친하게 지내는 몇몇과는 퇴근 후 소주 한잔 기울이며 깊은 관계를 맺는 것을 선호한다. 회사에 어떤 이슈가 있어도 동호 씨의 의중을 파악하기가 힘들다.

동호 씨의 여자친구는 늘 한결같은 동호 씨가 너무나 편안하고 마음에 든
다. 그러나 여행이라도 한번 떠나려면 여자친구가 출발부터 도착까지 모든
것을 계획하고 진행해야 한다. 동호 씨는 자신의 의견을 정확히 표현하지 않
으며 어떤 일을 결정 할 때도 쉽게 매듭을 짓지 않는다. 동호 씨의 생각을 듣
기가 어렵다. 좋다는 건지 싫다는 건지 때로는 헷갈려서 다투기도 한다.

회사에서 여직원들은 그에게 자신의 이성 교제에 대한 고민 상담도 편하게
자주 한다. 여직원들은 그의 자상하고 편안한 태도에서 그를 신뢰한다. 부드
럽고 온화한 멋스러움에 여자친구가 있음에도 호감의 대시를 받은 적도 여러
번 있다.

동호 씨는 다른 사람의 정서적인 것에 관심이 많고 마음이 쓰여서 못 본
척, 모른 척하기가 참 어렵다. 여자친구는 그의 부드러움이 좋았지만, 자신
외에 다른 여자들에게도 계속된 관심을 보이는 게 너무나 힘들어 그러지 않
기를 여러 번 요청했다. 동호 씨는 사랑하는 사람은 오직 그녀뿐이라고 말하
고 그의 진심을 전하기 위해 애쓰지만, 그녀는 그를 믿기가 어렵다.

동호 씨는 어떤 흑심을 품고 다른 이성들과 가까이하려는 의도는 분명 아
니다. 그냥 마음이 쓰여 밀어내지 못할 뿐이다. 한 이성과 특별한 관계를 맺
고 있는 동호 씨는 이성과 관계의 경계는 만들 필요가 있다. 타인의 불편함이
마음이 쓰이고 관심이 가더라도 우선순위를 정해야 한다. 연인의 관계에 있

는 그녀를 생각과 행동에서 가장 우선시되어야 하는 것이 맞다.

모두에게 따뜻하고 부드러운 사람으로 평가받고자 하는 동호 씨의 욕심이다. 자신의 마음을 알아차리고 가던 길을 멈추게 할 만큼 다른 이성에게 마음이 간다면 현재의 연인과의 관계를 깊이 생각하고 현명한 방법을 찾아야한다.

만인의 연인은 될 수 없다.

#02. 연민의 얼룩말

얼룩말은 몸에 아름다운 가로줄 무늬가 있으며 그레이얼룩말, 사바나얼룩말, 마운틴얼룩말 등 3종이 있다. 종류에 따라 몸길이가 다르며 1.1~1.5m이다. 몸보다 머리가 크고, 발굽은 당나귀보다 넓고 말보다 좁다. 작은 무리를 이루거나 큰 무리를 이룬다. 무리는 늙은 수컷이 우두머리가 되고 항상 선두에 앞장선다.

아프거나 다쳐서 무리들과 함께 가지 못하는 얼룩말은 다른 짐승의 먹이가됩니다.

그래서 불편한 동료를 남겨 두어 죽음의 길로 가게 내버려 두지 않으려고나머지 얼룩말들은 속도를 줄입니다.

까만 얼룩말과 하얀 얼룩말은 연인입니다.

까만 줄무늬가 매력적인 까만 얼룩말입니다.

하얀 줄무늬가 아름다운 하얀 얼룩말입니다.

둘은 이별의 아픔을 겪은 후 만난 사이입니다.

늘 밝은 모습을 보이는 까만 얼룩말에게는 그런 아픔이 있었는지 몰랐습니다.

아직은 여린 모습의 하얀 얼룩말은 상처를 품고 있기에는 너무 어려 보였습니다.

우연한 계기로 서로의 아픔을 알아차린 후 마음을 나누게 되었습니다.

자신의 아픔보다 연인이 겪은 아픔이 너무나 크고 안타까워 보입니다.

어떻게 하면 위로해 주고 힘을 줄지를 고민하게 됩니다.

까만 얼룩말은 그녀에게 말합니다.

'사랑하는 자기야, 내가 어떻게 도와줄까?'

하얀 얼룩말은 누군가에게 그런 말을 들어본 적이 없었습니다.

오직 자신만을 바라보며 일방적인 것이 아닌 내 마음이 어떤 것인지, 무엇을 원하는지를 묻는 이가 없었습니다.

하얀 얼룩말은 까만 얼룩말의 진심이 느껴졌습니다.

감동의 눈물만 났습니다.

하얀 얼룩말이 말합니다.

"사랑하는 자기야, 나는 자기에게 무엇을 해줄까?"

까만 얼룩말도 하얀 얼룩말의 마음이 느껴져서 행복합니다.

까만 얼룩말과 하얀 얼룩말은 연인의 아픔을 보듬어 주면서 자신의 아픔이 치유되는 사랑을 합니다.

#03. 사랑을 꿈꾸는 연민의 내 마음 돌보기

1. 최근 가장 마음이 불편한 사건은 무엇인가요?

2. 최선을 다해 누군가에게 도움을 준 일은 어떤 것인가요?

3. 누군가에게 실질적인 도움을 준다면 나는 어떤 도움을 줄 수 있나요?

4. 나에게 도움을 청했는데 거절하여 불편했던 일은 무엇인가요?

5. 누군가의 따뜻한 마음을 언제 느꼈나요?

6. 연인의 삶이 힘겨워 보일 때는 언제였나요?

7. 연인에게 내가 할 수 있는 따뜻한 표현은 무엇인가요?

#04. 상처를 더 받는 당신이 있다

《상처를 더 받는 당신이 있다》

김신영 지음 / 대한출판사

http://www.yes24.com/Product/Goods/110226723

같은 상황을 겪어도 상처를 더 받는 사람이 있다. 반면 상처를 받을 만한 상황인데도 전혀 타격을 받지 않고 인간관계를 잘 유지해 나가는 사람도 있다. 작가는 상처받지 않는 비밀에 도달하는 과정을 스무 번의 상담을 진행하며 스스로 상처받지 않는 길을 안내한다. 자아존중감이 상처를 받지 않는 힘이 될 수 있다고 한다.

[로젠버그 자아존중감 테스트]

로젠버그 자존감 척도는 10문항 4점 척도입니다.

전혀 아니다 1, 아니다 2, 그렇다 3, 매우그렇다 4

1. 나는 다른 사람들처럼 가치 있는 사람이다.

2. 나는 나름대로 좋은 성품을 가지고 있다.

3. 나는 실패를 디딤돌로 삼아 다시 일어난다.

4. 나는 다른 사람들과 같이 일을 잘한다.

5. 나는 스스로 자랑할 것이 많은 사람이다.

6. 나는 사회에 쓸모 있는 사람이다.

7. 나는 자신을 아끼고 존중하는 사람이다.

8. 나는 항상 나를 긍정적으로 생각한다.

9. 나는 스스로에게 대체로 만족하며 산다.

10. 나는 나를 괜찮은 사람이라고 여긴다.

점수의 합이 30점 이상이면 자존감이 높은 편이며, 25점 이하이면 자존감
이 낮은 편입니다.

08

보상을 바라지 않고 채워주는 그 여자

#01. 많이 받은 것으로 많이 나누기

예솜 씨는 잔잔한 호수이다. 변화 없이 그대로이고 싶은 욕구가 강한 사람
이다. 정서적인 민감성이 있고 느낌으로 반응하는 사람이다. 동정심과 연민
이 있다. 감정의 치유력이 있다. 예솜 씨는 자신이 있는 그 자리에 만족하면
그곳에 그렇게 머물러 있고 싶어 하는 사람이다. 정서적으로 편한 상태에서
뭔가를 하고자 하고 본능적으로 거짓을 잘 알아낸다. 지성보다는 마음이 통
하는 사람을 찾게 된다. 누군가를 만나면 나도 모르게 괜찮은 사람인지 관찰
하는 습관이 있다. 처음에 사람을 만날 때 의심하고 어떤 사람인지 떠보려는
모습이 있어서 가까운 친구들에게 주의를 듣기도 한다.

예솜 씨는 나에게 진심으로 도움을 요청하면 거절하지 못하고 돕는다. 연
인과 데이트를 할 때 조용하고 한적한 곳에서 자연을 느끼는 데이트를 원하

고 동물을 참 좋아한다. 연인과 정서적으로 안정되고 편안한 관계이기를 바란다. 느낌이 좋고 가족같이 따뜻한 사람, 타인을 위해 희생하고 봉사하는 사람이 꿈꾸는 이상형이다. 외적인 요소도 중요하지만, 내면의 가치를 중요하게 생각한다. 연인이 깊이 있고, 잘 챙겨줄 때 사랑받는다고 느낀다. 반면 툭툭 나의 감정을 건드릴 때 매우 불편함이 생긴다.

다른 사람에게 막 하고 버릇없는 사람, 내 느낌을 무시하고, 너무 이성적인 사람과는 함께할 때 매우 불편감을 느낀다. 내가 사랑하는 가족이나 친구를 비방하는 사람은 참 대하기 힘들다. 예솜 씨는 깊고 진실하며 온화하고 정이 많다는 말을 자주 듣는다. 집중력과 기억력이 좋아서 이것저것 사소한 것도 기억하고 잘 챙기는 섬세함이 있다.

한 번 맺으면 변하지 않고 오래가는 관계를 맺고 있다. 연인과의 갈등이 생기더라도 쉽게 정리하지 못하고 힘들어하기도 한다. 예솜 씨는 다른 사람이 힘든 상황에 처해 있을 때 이해하고 도와주려고 하고 배려심이 좋다. 가족을 소중히 여기고 가족을 위해 헌신적이다.

예솜 씨는 자신이 꿈꾸는 가정을 그려본다. 자녀가 네 명이다. 요즘 같은 시절에 다자녀를 키운다는 것은 부러움의 대상이기도 하지만 용기가 필요하기도 하다. 양육을 위한 경제적인 부담이 매우 크기 때문이다. 하지만 아이들을 키우기 위한 양육비와 교육비를 위해 시간이 날 때마다 집 근처 카페에서 아르바이트를 하기도 한다.

조용한 성격의 예솜 씨는 단골 마트만을 고집하고 어릴 적 동네 친구와 만나서 사는 이야기를 나누며 그렇게 살고 싶다. 아이들을 데리고 놀이터를 나가거나 주말이면 남편과 주말농장에서 가꾼 각종 채소로 식탁을 꾸리는 것이 행복이라고 생각한다. 예솜 씨가 만든 음식으로 남편과 아이들이 맛있게 먹어 주면 힘이 나고 즐겁다. 화목한 가정에서 마음이 통하는 남편과 와글와글 네 명의 아이와 웃음 지으며 잘 살아가는 자신을 상상해 본다.

예솜 씨의 나눔은 가족과 소소한 행복을 즐기며 불편하지 않은 사람들과 맛있는 음식을 앞에 두고 도란도란 웃음꽃을 피우는 것이 나눔의 삶이라고 생각한다. 나눔이란 물질적인 도움을 주는 것만을 의미하지 않는다. 무엇을 나누었기에 그것이 아깝지 않고 내가 행복하면 되는 것이다. 예솜 씨의 나눔은 마음을 나누는 것이고 자신의 삶을 함께하는 것이라 생각하고 있다.

#02. 박애의 펭귄

펭귄은 펭귄과에 딸린 새를 통틀어 이르는 말이다. 키는 약 40-120cm이다. 무게는 1.5~45kg이다. 서서 걸으며 헤엄치기에 알맞게 지느러미 모양의 날개를 가졌다. 몸의 구조는 다른 조류와 같다. 펭귄은 날지 못하고 육상에서 잘 걷지도 못하지만 물속에서는 자유자재로 움직인다.

신사 펭귄과 숙녀 펭귄은 사랑하는 사이다.

신사 펭귄이 가장 절망적이고 힘든 시기에 숙녀 펭귄을 만났다.

신사 펭귄은 보잘것없는 자신을 있는 그대로 받아 준 숙녀 펭귄에게 너무나 고맙다.

지질하고 절망적인 모습을 토닥여 주고 힘을 주었던 그녀다.

신사 펭귄은 그녀를 위해서라도 힘을 내서 성공해야 한다.

자신에 대해 외적인 평가를 하지 않은 그녀의 사랑에 어서 빨리 보답하고 싶다.

신사 펭귄은 성공하기 위해 최선을 다하지만, 여전히 실패의 연속이다.

그녀를 보기에 미안할 뿐이다.

자신은 잘하는 것이 없어 보이고 초라해 보여서 미치겠다.

어떻게 무엇을 해야 성공해서 멋지게 그녀 앞에 설 수 있을까 고민만 하고 있다.

숙녀 펭귄은 사랑하는 신사 펭귄에게 말한다.

급하게 마음 먹지 말고 천천히 무엇을 잘하는지 알아보면 된다고 격려한다.

신사 펭귄은 새이면서 잘 날지 못하는 자신이 한심하다.

신사 펭귄은 잘 날지 못하면 잘 걷기라도 해야 하는데 뒤뚱뒤뚱 걷는 자신이 한없이 초라하다.

숙녀 펭귄은 신사 펭귄에게 사랑으로 말한다.

"자기야, 그럼 물속을 한번 헤엄쳐보면 어때?"

한번 도전해 보자.

새는 꼭 날아야 하는 것은 아니잖아?

신사 펭귄은 사랑하는 그녀의 격려에 힘입어 두렵지만, 물속을 향해 걸어간다.

그 순간, 드디어 신사 펭귄의 멋진 능력을 찾아냈다.

그를 믿고 사랑으로 지켜봐 준 그녀를 행복하게 해줄 일만 남았다.

#03. 사랑을 꿈꾸는 이기적이지 않은 내 마음 돌보기

1. 누군가의 희생으로 내가 도움을 받은 것은 무엇인가요?

2. 연인이 나를 위해 희생(배려)을 하는 것은 무엇이라고 생각하나요?

3. 가장 기억에 남는 연인의 이벤트는 무엇인가요?

4. 나의 이익을 따지지 않고 했던 일은 무엇인가요?

5. 기회가 된다면 연인에게 어떤 행복의 나눔을 하고 싶은가요?

6. 연인에게 하고 싶은 이벤트는 무엇인가요?

7. 연인에게 듣고 싶은 격려의 말은 무엇인가요?

#04. 어쨌든 연애는 이기적이다

《어쨌든 연애는 이기적이다》

후쿠다 가즈야 저 · 박현미 역 / MY

http://www.yes24.com/Product/Goods/24599253

　이 책은 사랑에 빠진 사람들이 읽으면 공감하기 힘들 수 있는 책이다. 사랑을 하면 이기적이지 않고 무엇이라도 다 주고 싶은 것이라고 생각한다. 사랑을 하면 이것저것 재서도 안 되고 무언가를 바라는 것은 진짜 사랑이 아니라고 말하기 때문이다. 이 책에서는 연인을 위해서 하는 모든 헌신도 결국은 이기심에서 시작된다고 말한다. 상대가 무엇을 좋아할지를 고민하고, 그 사람을 생각하면서 고르고, 그 사람을 만나기 위해 시간을 내는 등의 모든 행위가 때로는 위험해 보이지만 본질적으로는 이 모든 행위는 이기적이라고 말한다. 모든 행위는 자신의 관점에서 판단하고 자신의 즐거움을 탐하는 것과 다르지 않다고 말한다. 사랑은 정말 자신을 위해서가 아닌 상대방만을 생각하고 자신을 희생하는 것인지를 묻는다.

[사랑의 5가지 언어]

연인의 사랑의 언어가 무엇인지를 아는 것은 연인의 사랑의 언어를 구사하는 방법을 아는 것이다. 연인의 사랑의 언어를 알아내고 그것이 내게 자연스럽든지 부자연스럽든지 간에 그것을 구사해야 한다. 연인이 사랑을 느낄 수 있도록 그 사랑의 언어를 힘써 구사한다면 사랑의 그릇은 채워지기 시작할 것이다.

– 게리 채프먼(Gary Chapman, 카운셀러, 목사)

1. 인정하는 말

- 인정하는 말을 들을 때 사랑으로 느끼는 사람이다. 잘한 일을 칭찬해주고 격려와 감사의 인사를 해주면 사랑받는다고 느끼는 사람이다.

2. 함께하는 시간

- 연인과 함께 시간을 온전하게 집중하는 시간을 보낼 때 사랑받는다고 느끼는 사람이다.

3. 선물

- 선물을 받을 때 자신이 사랑받는다고 느끼는 사람이다. 연인이 준 선물에 담긴 배려, 마음을 소중히 여기는 사람이다.

4. 봉사

- 말보다는 행동이 중요하다. 연인이 자신을 위해 수고하는 것을 보면서 사랑을 느끼는 사람이다.

5. 스킨십

- 스킨십으로 사랑을 받는다고 느끼는 사람이다. 포옹, 악수, 손잡기와 같은 가벼운 접촉을 하는 것을 중요하게 생각하는 사람이다.

사랑의 5가지 언어는 부부 세미나 혹은 커플 상담을 할 때 많이 활용하고 있다. 사랑하는 상대에게 원하는 언어이다. 그 말인즉, 내가 사랑하는 사람에게 사용하는 언어이다.

나의 사랑의 언어가 인정하는 말이라면 연인에게 인정하고 칭찬하는 말을 자주 사용하게 된다. 그러나 내 연인의 사랑의 언어는 함께하는 시간이라면 칭찬과 인정의 말이 좋지만, '시간을 함께 보내지 않는다면 무슨 소용이겠는가.'라고 한다면 주고받는 사랑이 한없이 부족하다고 여길 수 있다.

나의 사랑의 언어가 무엇인지가 중요한 만큼 내 연인의 사랑의 언어를 알 필요가 있다.

받고 싶은 사랑과 주는 사랑이 내 중심이 아닌 상대의 요구에 맞추어 가는 사랑의 언어를 사용한다면 더욱 깊은 사랑을 나눌 수 있게 된다.

4장 지금 이대로 사랑하며 행복하기

01

스치듯 지나가는 바람 같은 사랑

#01. 관계의 결정과 선택(영화 '인간중독')

'인간중독'은 2014년 개봉한 영화다. 개봉 당시 배우들의 노출 수위가 높아서인지 영화의 스토리보다는 장면에 집중하는 에로영화 색이 짙다. 인간중독이라는 제목과 함께 불륜의 파괴성을 강렬하게 남긴 영화다. 배우 송승헌, 임지연, 조여정이 출연한다. 중독은 음식이나 약물의 독성으로 인해 신체에 기능장애가 일어나는 일이라고 한다. 술, 담배, 마약, 게임 등 끊고 싶지만 쉽게 끊어내지 못하는 것이 중독이다. 중독으로 몸과 정신이 조금씩 파괴되어 간다.

영화는 1969년 베트남전이 막바지일 때를 배경으로 한다. 군대 직속 후임의 아내와 금지된 사랑을 하면서 승승장구하며 출세의 길을 달리고 있던 육군 대령의 비극적인 최후를 다룬 영화다.

베트남전에서 큰 업적을 세우고 돌아온 교육대장 김진평 대령은 직속 후임으로 새롭게 온 우진의 아내 종가흔을 군 관사에서 처음 보게 되고 그녀에게 반한다.

종가흔 역할을 맡은 배우 임지연은 2022년 〈넷플릭스〉에서 인기 방영된 학교폭력에 관한 드라마에서 박연진 역으로 활약한 배우이다.

영화 '인간중독'의 김진평은 군 병원에서 일어난 인질극 소동으로 종가흔이 입원한 병실을 찾았다. 그렇게 병문안을 다녀온 진평은 가흔이 계속 생각난다. 남편의 출세만을 위해 정해진 틀에서만 움직이는 김진평의 아내와는 전혀 다른 종가흔에게 자꾸만 빠져들기 시작한다.

어느 날 우진 부부와 소풍을 가게 되고 이곳에서 두 사람은 서로의 마음을 확인한다. "자꾸만 생각이 나요. 생각하면서 자꾸 웃어요……."라는 가흔의 말에 "저는 하루 종일 생각합니다."라고 진평은 화답한다. 이후 두 사람은 위험한 사랑을 시작했다.

진평은 가흔과 둘만의 시간을 보내기 위해 가흔의 남편 우진을 출장 보냈다.
진평은 "자려는데 숨이 쉬어지지 않는다."고 고백한다.
가흔은 "나도 똑같은 생각을 했다. 남편이 출장이라도 갔으면 좋겠다 생각했다."고 솔직히 말한다.

그렇게 두 사람은 뜨거운 밤을 보낸 후 지속적인 만남을 이어가게 된다.

얼마 후 진평의 진급 축하파티가 열린다. 이 자리에서 아내 진숙은 자신의 임신 사실을 알리며 모두의 축하를 받게 된다. 그럼에도 진평은 모든 신경이 가흔에게만 쏠려있다. 서울에 함께 가자고 제안하지만 가흔은 서울에 가면 계속 만나야 하니 서울에 가지 않겠다고 진평의 제안을 거절한다. 이미 술에 취해 자신을 통제하지 못한 진평은 둘의 모든 관계를 드러내고 만다.

이 일로 진평은 진급이 아닌 베트남으로 떠나게 된다. 마지막으로 가흔을 만나러 간 진평은 모든 것을 버리고 태국의 바닷가에 같이 가자고 제안한다. 가흔은 "모든 것을 버릴 만큼 사랑하지 않는다."라고 말한다. 이 말을 들은 진평은 가흔이 보는 앞에서 자신의 가슴에 총을 쏴버린다. 그러나 죽지는 않았다.

그리고 2년 후 낯선 군인이 가흔을 찾아와 사진 한 장을 내민다.

사진 속에는 가흔과 진평의 얼굴이 담겨 있었다. 임무 중에 저격당해 사망했다는 충격적인 소식이다.

진평의 유품으로는 '내 사랑'이라 씌어있는 사진 한 장이 전부였다.

가흔은 사진을 붙잡고 오열하며 영화는 막을 내린다.

'당신을 안 보면 숨을 쉴 수가 없어', 우리는 때론 이런 격정적이고 숨 막히는 사랑을 꿈꾼다. 그녀를 볼 수 있는 것만으로도 너무나 행복했던 순간이 있다. 그녀와 함께 하는 시간은 세상 전부를 가진 것처럼 꽉 찬 순간이 있다. 다시는 그녀를 볼 수 없다는 절망에 하루 종일 멍하니 아무것도 할 수 없었던 시간도 있었다. 사랑이 우리 삶의 모든 것을 지배하고 우리 삶의 질을 결정하는 때도 있다. 그러나 그것만이 전부는 아니라는 것 또한 알고 있다.

누구에게도 말하지 못하는 비밀스러운 감정은 채 피지 못한 꽃봉오리처럼 화려한 절정을 기다리게 마련이다. 사랑하지만 현실의 벽에 막혀 사랑을 선택하지 못하는 가흔의 사랑은 진평의 삶을 망치지 않기 위한 사랑의 방식이었고 선택이었다. "사랑해요. 그러나 함께하지는 못해요". 진평은 가흔을 뜨겁게 사랑했다. "난 어쩌라고, 좋아할 때는 언제고 왜 버리냐고⋯⋯." 울부짖는 진평의 사랑은 뜨겁게 불타오르고 있었다. "나에게는 온통 너밖에 없다. 다 버릴 수 있다. 나는 너만 선택할 수 있어."라고 결정했다. 가흔은 둘의 사랑으로 진평의 삶이 나락으로 내몰리지 않게 하려는 선택이었다. 그의 삶을 지켜주기 위한 그녀의 사랑이다. 두 사람의 사랑은 순간적인 열정의 감정, 즉 스치고 지나가는 바람 같은 감정이라 단정 짓기는 어렵다.

진평은 뜨겁게 타오른 자신의 감정을 주체하지 못하고 사랑에 모든 것을 건 남자다. 그러나 가흔은 사랑으로 모든 것을 소유하려 하지 않았다. 자신을 딸처럼 키워서 며느리로 삼은 시어머니를 배신하지 않는 것을 택했다. 가흔은 남편을 사랑하지 않지만, 그의 곁에서 함께하는 의리를 선택했다. 그녀가 진평을 사랑한 것은 스치듯 지나가는 바람 같은 사랑은 결코 아니다. 자신을 위해 모든 것을 거는 진평을 그대로 받아들일 수는 없지만 그를 향한 뜨거운 사랑을 그는 알 것이라 믿었다.

한순간의 불같은 사랑은 금세 사그라들 것으로 생각하고 진평의 그 사랑의 온도가 식기를 가흔은 기다렸다. 가흔은 진평의 사랑의 온도가 식을 것이라고 확신했다.

진평은 그녀와의 사랑으로 모든 것이 사라진다 해도 그 사랑에 충실하고 집중하며 행복했다. 사랑의 결정과 선택에는 정답은 없다. 그러나 선택한 그 사랑에는 책임이 따른다.

#02. 지혜로운 올빼미

올빼미는 국내에서는 흔한 텃새이지만 야간에 활동하기에 관찰하기 힘들다. 전체적으로 어두운 갈색이며 귀깃이 없다. 몸길이는 약 38cm이다. 단독으로 생활하고 날개에 솜털이 많아 비행할 때 소리가 나지 않는다.

올빼미 바다와 바디는 연인이다.

올빼미 바다는 이것저것 아는 것이 많은 남자다.

많은 것을 안다고 깊이가 얕은 것도 아니다.

무엇이든지 물어보면 툭툭 정답만 말하는 남자다.

올빼미 바다는 안다고 잘난 체하며 나서는 법이 없다.

자신의 생각을 툭툭 말하지 않는다.

어떤 일이 벌어지면 일단 관망하는 남자다.

여자친구 바디는 남자친구에게 도움이 되고 싶은 여자다.

남자친구가 하고 싶은 것이 있다고 하면 지원해 주고 싶다.

바다와 바디는 연애를 하면서 서로의 발전을 지지하는 연인이다.

바다가 반짝이는 아이디어로 새롭게 도전하려고 하면 여자친구 바디는 그 아이디어를 구체화 시킬 수 있도록 돕는다.

왜 필요한지 무엇을 준비해야 하는지 기간은 얼마나 걸리는지 등등 점검할 수 있도록 자극을 주고 함께 협력한다.

진행되는 동안에도 어떤 것이 힘든지 도와줄 것이 무엇인지 하나하나 물어본다.

올빼미 바다는 여자친구 바디의 실제적인 지원에 힘을 얻으며 작은 결과라도 이루어 낸다.

여자친구 바디가 도움을 요청할 때는 바다 또한 자신의 정보력을 발휘하여 자료를 수집하고 정리해서 가장 좋은 방안을 주저함 없이 나누며 돕는다.

둘은 서로에게 없어서는 안 될 좋은 친구이자 가장 든든한 지원자이다.

#03. 관계의 지혜로운 내 마음 돌보기

1. 자신이 선택한 일 중에 잘했다고 생각되는 것은 무엇인가요?

2. 그것이 당신에게 왜 중요한가요?

3. 당신은 그것을 선택하기 위해 어떻게 하였나요?

4. 선택을 다시 할 수 있다면 무엇을 할 건가요?

5. 잘못된 선택을 했을 때는 어떻게 하나요?

6. 좋은 선택을 위해 자신은 무엇이 필요한가요?

7. 나는 중요한 결정을 위해 무엇을 준비할 건가요?

#04. 선택과 결정은 타이밍이다

《선택과 결정은 타이밍이다》

최훈 지음 / 밀리언서재

http://www.yes24.com/Product/Goods/105791002

모든 선택과 결정에서 가장 중요한 요소는 신중하게 판단하는 것과 망설이지 않고 결정하는 것이다. 판단과 결정의 두 가지 요소가 딱 맞아떨어졌을 때 인생 최고의 기회를 만날 수 있게 된다. 중요한 일의 결정장애, 선택 불가 증후군을 앓았던 평범한 직장인이 어떻게 프로 결정서가 되어 인생에서 중요한 기회를 잡고 원하는 삶이 되는지는 선택과 결정의 기회를 만드는 훈련이 필요하다. 자신의 확신으로 선택해야 만족감을 얻을 수 있고 후회 없게 된다. 가장 중요한 것은 망설이지 않고 결정하고 행동하는 것이다. 많은 사람이 결정을 두려워하는 요인은 삶의 주체가 내가 아닌 남이기 때문이다. 내가 삶의 주체가 된다면 내가 하고 싶은 대로 결정할 수 있다. 인생에서 중요한 기회를 잡기 위해서는 최고의 타이밍에 선택과 결정을 해야 한다. 인생에서 후회는 아무것도 선택하지 못한 사람, 선택과 결정을 미룬 사람들의 몫이다.

[최고의 선택과 결정을 위한 다섯 단어]

1. 긍정!
  • 나의 모든 결정을 긍정하라.
2. 심플!
  • 단순하게 생각하라.

3. 확신!

- 너 자신을 알라.

4. 완벽!

- 완벽주의의 노예에서 벗어나라.

5. 경험!

- 최고의 선택은 경험에서 나온다.

＊ 선택과 결정은 실행으로 완성된다.

사랑하는 연인과 하는 선택과 결정은 곧 사랑의 완성이다.

02

아름답지 않은 사랑은 없다

#01. 멈추지 않고 표현하기(영화 '매디슨 카운티의 다리')

영화 '매디슨 카운티의 다리'는 로버트 제임스 윌러가 쓴 실화소설로 1960년대 미국 아이오와주의 매디슨 카운티를 배경으로 하고 있다. 워싱턴 DC에서 온 사진작가 로버트 킨케이드와 이탈리아계 가정주부인 프란체스카 존슨과의 나흘간의 사랑을 그렸다.

1995년 개봉 당시 청소년 관람 불가였다. 2017년 청소년 관람 가능으로 재개봉 되었다.

사진작가인 로버트는 렘브란트의 광선 이용법을 좋아했다.

대상은 피사체가 아니라 빛이고, 피사체는 단지 빛을 반사하는 수단에 불과하다는 것이다.

사진을 찍을 때는 같은 물체라도 빛에 따라 다르게 표현된다.

태양이 떠오르는 아침과 저무는 저녁의 태양은 다르다.

물체의 정확한 색상을 담기에 좋은 시간은 정오(12시~2시)이다.

해 뜰 무렵 광선의 영향을 받아 사진을 찍으면 푸른빛이 감도는 사진으로 남게 된다.

해 질 무렵에 찍은 사진은 붉은빛이 느껴지는 사진이 된다.

우리 인생을 보면 사랑이라는 감정이 우리에게 머물다 간다.

어떤 사랑은 아주 짧게, 어떤 사랑은 아주 길게 다녀간다.

그 사랑은 추억이라는 사진으로 가슴에 담긴다.

푸른빛의 사랑, 혹은 붉은빛이 감도는 사랑, 아니면 순백의 사랑으로 저장되기도 한다.

우리에게 다녀가는 사랑이 해 뜰 무렵 푸른빛이 감도는 사진인지, 해 질 무렵 붉은빛이 감도는 사진인지 혹은 물체의 정확한 색상을 담기 좋은 정오의 사진으로 남겨질 사랑인지 훗날 추억이라는 사진을 꺼내 들 때 알 수 있을 것이다.

그 어떤 색상의 사진이라도 아름답지 않은 사랑은 없다.

영화 '메디슨 카운티의 다리'는 물체의 정확한 색상을 담기 좋은 정오의 사랑은 아닐는지, 순수한 사랑의 감정만을 볼 수 있는 사랑 이야기라고 말하고 싶다.

프란체스카는 유골을 화장하여 로즈만 다리에 뿌려달라는 유언을 남긴다.

프란체스카의 자녀들은 가족묘지가 있음에도 화장을 요구한 어머니의 유언을 받고 궁금증을 자아내며 영화는 시작된다.

프란체스카는 남편, 아들 마이클, 딸 케롤린이 있다. 그녀가 이탈리아 가곡을 즐기고 있노라면 딸은 어느새 자신이 원하는 팝송으로 바꾸어 버린다. 요란하게 쿵쾅 소리를 내며 문을 여닫는 남편과 아들이다. 매일 같은 일상에서 프란체스카는 권태로움을 느끼고 있다.

어느 날 가족들이 박람회를 위해 떠나면서 그녀는 집에 혼자 남는다. 그녀만의 며칠의 휴가가 생겼다. 조용한 메디슨 카운티의 시골 동네에 먼지를 일으키며 차 한 대가 달려와 그녀의 집 앞에서 멈춘다. 전 세계를 다니면서 사진을 찍는 사진작가 로버트다. 잡지에 실을 다리의 사진을 찍으러 왔다 길을 잃었다. 차에서 내린 그 남자 로버트는 그녀에게 길을 물었다. 프렌체스카는 로버트에게 길을 열심히 설명해 보지만 역부족이다. 혼자만의 시간을 즐기고 있던 그녀는 낯선 그 남자와 함께 차를 타고 그 남자가 원하는 지붕이 있는 다리를 향해 길을 안내한다.

어색함이 묻어나는 그들이지만 로버트는 다리에 함께 와준 프란체스카에게 야생화와 노랑 데이지를 꺾어 그녀에게 고마움을 표현한다. 그녀는 "그 꽃들은 독초에요."라는 농담을 건네며 한바탕 웃음을 나눈 후 그 남자의 마음이 든 꽃을 받아든다. 이대로 보내기는 아쉬웠던 것일까. 그녀는 "아이스티 한잔하시겠냐?"는 제안을 한다. 흔쾌히 그녀의 집 뒤편에 그는 차를 주차

한다. 집 뒤편에 주차를 한 이유는 동네 사람들의 혹시 모를 묘한 시선을 의식해서였다.

둘은 시원한 아이스티 한잔을 사이에 두고 앉는다. 그 남자 로버트는 그녀에게 "이곳에 사는 게 좋으냐?"는 질문을 한다. 오늘 처음 만난 남자가 지금 내 삶이 어떠냐고 물어 주었다. 프란체스카는 잊고 있었던 옛날에 꿈꾸던 삶을 떠올리게 되었다. 교사라는 직업에 보람을 느꼈던 그녀였지만 남편의 반대 때문에 농부의 아내로 전업하여 아이 둘의 엄마로 살고 있다.

'꿈을 이루지는 않았지만 그런 꿈이 있었다는 것만으로도 기쁘다.'는 글이 있다며 로버트는 프란체스카의 기분을 조금을 알 것 같다면서 그녀를 위로한다. 그를 그냥 보내지 않고 저녁 식사를 함께하자고 제안한다. 자신의 깊은 마음을 꺼내게 만든 그에게 그녀는 마음이 향하고 있다. 두 사람은 서로에게만 집중하며 저녁 식사 준비를 함께 한다. 그 남자는 아무리 말해도 고쳐지지 않는 쾅쾅 소리를 내며 문을 닫는 가족들과는 다르다. 문 여닫는 소리가 나지 않도록 조심히 문을 닫는 그와 그녀는 통하는 느낌이 든다. 로버트와 대화하면서 자신이 남편에게 마음이 멀어진 이유, 왜 그렇게 웃음이 사라진 채 건조한 일상을 살고 있는지를 조금은 알 것 같다.

프란체스카는 시와 예술을 좋아하는 감성적인 여자다. 로버트는 프란체스카의 마음을 읽으려 애써 노력하는 것이 아니다. 그냥 느낌 그대로 이야기할 뿐이다. 그렇지만 그의 한마디 한마디는 그녀의 깊은 갈망을 끄집어내기에 충분했다. 짧은 듯 긴 하루의 시간이 지나고 늦은 밤 그는 자기 숙소로 향했다.

그가 떠난 후 무언가에 이끌리듯 프란체스카는 다음날 저녁 식사 초대 편지를 가지고 차를 타고 나간다. 방금 헤어진 그가 내일 사진을 찍기 위해 방문할 그 다리에 도착했다. 그녀는 초대 편지를 다리에 붙여 놓고 돌아왔다. 다음날 그 남자 로버트는 그녀에게 전화를 걸어 식사 초대에 응한다. 메마른 일상에 찌든 그녀에게 설렘이라는 것이 자연스럽게 일어나고 있었다.

그녀의 아름다움을 칭찬하는 그와 마주 앉아 맥주를 마시고 식사도 한다. 그렇게 꿈같은 사흘 동안의 시간을 보내면서 둘은 넘어서는 안 될 선을 넘었다.

"몇 번을 산다 해도, 이렇게 확실한 감정은 일생에 단 한 번 오는 거예요." 라며 로버트는 그녀와 함께하기를 간절히 원했다. 그녀는 마음을 다잡으며 그 남자를 향해 달려가고 싶지만, 눈물을 삼킨다. 남편과 아이들을 선택하고 뜨거운 사랑은 가슴에 묻었다.

그러나 사랑은 끝나지 않았다. 멈추지 않는 한 계속된다. 죽어서라도 그와 함께하기를 원한 프란체스카의 사랑은 진행 중이다.

#02. 충실한 거위

거위는 목이 길고 부리는 노란색으로 몸 색깔은 흰색이다. 일반적으로 수컷이 암컷보다 크고 목도 길다. 야생기러기는 1년에 5~12개의 알을 낳지만, 거위는 1년에 최대 50개까지 낳는다. 수컷 거위는 자신의 가족을 강하게 보호한다. 낯선 사람을 보면 경계하며 높은 소리와 함께 경계 행동을 하기에 집을 지키는 용도로 키운다.

미녀 거위와 신사 개는 오래된 연인이다.

미녀 거위는 목이 길고 탄력 있는 엉덩이에 윤기가 좌르르 흐르는 하얀 털의 예쁜 미모의 소유자다.

남자친구 신사 개는 목소리가 우렁차고 자신감 넘치는 매력적인 외모를 가졌다.

동호회에서 둘은 첫눈에 반해 연인이 되었다.

취미활동을 함께 하면서도 연애를 할 수 있어 참 좋다.

미녀 거위와 신사 개는 어딜 가도 함께한다.

친구와 만날 때도 거위와 개는 늘 동행한다.

서로의 직장동료들도 모르는 사람이 없다.

출근에서 퇴근 시간까지…….

아침에 일어나서 가장 먼저 무엇을 하는지, 밤에 잠들기 전에 잠옷을 어떤 것을 입고 자는지 서로에 대해 모르는 것이 없다.

다만 잠을 자는 장소가 각자의 집이라는 것뿐이다.

미녀 거위와 신사 개는 사랑하는 사이는 서로에게 충실해야 한다고 생각한다.

그래서 서로에게 깊은 관심을 갖고 있다.

친구들은 이들 연인에게 이야기한다.

"서로에게 충실하다고 해서 모든 것을 다 알아야 하는 것은 아니야."

연인의 사적인 시간을 존중해 주는 것은 연인의 삶을 충실히 살도록 돕는 일이라고 말해준다.

연인이라 해도 상대 개인의 삶은 보장해 주어야 한다.

#03. 사랑에 충실한 내 마음 돌보기

1. 맡겨진 일을 중도 포기하고 싶을 때 어떻게 하나요?

2. 다른 사람이 하기 싫은 일을 내게 맡길 때 어떻게 하나요?

3. 나를 믿어 주는 사람에게 나는 어떤 태도를 보이나요?

4. 연인은 나를 믿어 주고 있나요?

5. 연인이 나와 함께 하는 이유는 무엇이라고 생각하나요?

6. 연인과 미래에 관한 이야기는 언제 어떻게 나누나요?

7. 힘겨웠던 일을 연인과 함께 극복한 것은 무엇인가요?

#04. 사랑하는 능력

《사랑하는 능력》

프리츠 리만 저 · 조경수 역 / 북폴리오

http://www.yes24.com/Product/Goods/2838279

다양한 사랑에 관한 이야기다. 치료사인 저자는 자신이 만난 사람들을 바탕으로 사랑의 능력을 아이의 성장 단계와 연관 지어 설명한다. 우리가 부모로부터 받고 경험하는 사랑의 특징과 관점들이 삶에서 결정적인 역할을 한다고 강조한다. 어린 시절의 경험이 어른이 되어서 타인과의 사랑에 어떤 식으로 영향을 미치는지 분석할 수 있도록 돕는다.

사랑 능력 알아보기

◎ 아래에 있는 문항을 주의 깊게 읽고, 지난 1년간 실제로 어떠했는지에 근거하여 가장 적절한

숫자에 ○표하십시오.

전혀 아니다	약간 그렇다	어느정도 그렇다	상당히 그렇다	매우 그렇다
1	2	3	4	5

1. 나는 내 삶에 사랑이 존재하는 것을 느낀다.	1	2	3	4	5
2. 나는 다른 사람에게서 사랑스러운 면을 잘 발견하는 편이다.	1	2	3	4	5
3. 나는 어떤 사람에게 있어서 가장 중요한 사람이다.	1	2	3	4	5
4. 나의 감정과 행복을 마치 자신의 것처럼 여기는 사람들이 있다.	1	2	3	4	5
5. 친구나 이웃 사람들 중에서 내가 인간으로서 좋아하는 사람이 있다.	1	2	3	4	5
6. 나는 평소 다른 사람들(친구, 가족 등)에게 사랑과 애정을 잘 표현하는 편이다.	1	2	3	4	5
나의 점수	_____점				

♠ **결과해석**

06~09점 : 사랑 능력이 부족한 상태이므로 계발을 위한 적극적인 노력이 필요함.

10~20점 : 사랑 능력이 보통 수준이므로 계발을 위한 노력이 필요함.

21~25점 : 상당한 사랑 능력을 가지고 있으므로 강점으로 계발하기 바람.

26~30점 : 매우 탁월한 사랑 능력을 가지고 있으며 대표 강점으로 계발하기 바람.

03

모든 허물을 덮은 사랑만 있다

#01. 부드러움으로 견고함이 무너진다
(영화 '파도가 지나간 자리')

영화 '파도가 지나간 자리'는 M. L. 스테드먼의 첫 번째 장편소설 《The Light Between Oceans(바다 사이 등대)》(2012)가 원작이다. 작가의 첫 소설인 이 작품은 베스트셀러에 오르면서 전 세계적인 사랑을 받았다. 소설에서는 톰이 전쟁을 치르면서 느끼는 심리적인 상태 그리고 외로운 무인도의 등대지기로 가는 그의 심리를 섬세하게 묘사했다.

1차 세계대전이 끝나고 전쟁 영웅으로 돌아온 톰은 당분간 세상에서 벗어나고 싶은 마음에 무인도의 섬 야누스 등대지기가 된다. 전쟁에서 죽은 전우들을 잊고 자신의 삶을 살아가기 위해서다. 6개월 후 육지로 나올 생각을 하며 섬 야누스에서 근무를 시작한다.

섬에 도착한 톰은 가장 먼저 등대에 오른다. 눈 앞에 펼쳐진 푸른 바다를 보며 벅찬 감동이 그를 붙잡는다. 자신이 철저히 혼자라는 사실을 실감하며 야누스에서 생활한다. 외딴섬에서의 혼자만의 시간은 톰에게 평안함과 치유를 가져다주었다. 오랜 시간 혼자만의 등대지기를 하던 전임자는 우울증에 걸렸다. 임시직으로 일하던 톰은 전임자의 자살로 인해 등대관리청에 정식 직원이 되고 등대지기의 삶을 살아가게 된다.

관리청 직원의 딸인 이자벨은 톰과 함께하기를 원한다. 둘은 편지를 주고 받으면서 서로에게 사랑을 느끼게 된다. 톰은 이자벨의 마음을 받아들였고 그녀에게 마음을 열었다. 결혼을 하고 야누스에서 신혼생활을 한다. 외딴 섬에서 둘만의 행복한 생활을 하면서 이자벨은 임신을 하게 된다. 거친 폭풍이 몰아치는 어느 날 톰은 등대에서 밤을 보내게 된다. 이자벨은 갑작스런 산통을 느끼게 되고 톰을 애타게 불렀지만 거친 폭풍 속에 그녀의 애타는 목소리는 들리지 않았다. 그녀는 유산하였고 고장 난 피아노를 치며 슬픔을 달랜다. 이자벨은 유산으로 인해 예민해져 있었다. 톰은 그녀를 위한 이벤트를 한다. 피아노 조율 전문가를 불러 고장 난 피아노를 고쳐준다. 톰의 따뜻하고 배려하는 마음에 그녀는 평온을 되찾게 되고 다시 임신을 한다. 그러나 안타깝게도 또다시 유산을 하게 된 이자벨은 절망한다. 그렇게 그들의 결혼 생활은 이어져 가고 있었다.

폭풍우가 지나간 어느 날 해안으로 떠밀려온 쪽배에 남자와 어린 여자아이가 있었다. 남자는 이미 죽고 그 곁에서 어린 여자아이는 울고 있었다. 이자벨은 아이를 보내고 싶지 않다. 톰은 아이를 정식으로 입양하기를 원했다. 하지만 이자벨의 간청에 아이를 낳은 것으로 관리청에 '루시'라는 이름으로 보고하고 부부의 딸로 키운다. 바다에 떠밀려온 아이를 하늘이 보내준 선물로 여기면서 사랑과 정성으로 키운다.

　루시의 세례식을 위해 항구로 온 톰은 우연히 '한나'라는 여인이 루시의 친모임을 알게 된다. 루시의 친모를 알고 있는 톰은 가족을 데리고 섬으로 들어오지만, 남편과 딸을 잃고 고통 속에 있는 루시의 친모를 모른 척하기가 힘들었다. 톰은 한나에게 딸이 살아있다는 편지를 보낸다.
　한나는 딸이 살아 있음을 확신하고 수사를 요청 했고 야누스섬에 경찰들이 와서 수사를 시작했다. 톰은 모든 일은 자신이 벌인 일이라면서 자신이 책임지겠다고 한다. 전쟁 영웅이었던 톰은 한순간에 딸 루시의 생부를 죽인 살인자가 되어가고 있었다. 이런 톰을 아내 이자벨은 용서할 수 없었다. 자신이 그토록 원하던 아이 루시를 빼앗아간 사람으로 생각하며 원망으로 가득차 있다. 감옥에 갇힌 톰은 이자벨에게 편지를 보낸다. 이자벨은 톰을 향한 미움으로 받은 편지를 읽지도 않은 채 서랍에 넣어두었다.

　남편 톰이 살인자로 죽을 수도 있다는 심각한 사태를 깨달은 이자벨은 서랍에 넣어 두었던 남편의 편지를 꺼내 읽는다. 톰의 편지에는 이렇게 쓰여 있었다. "이자벨 당신을 사랑합니다! 힘들게 해서 미안해요. 나는 이미 죽었어야 할 사람인데 당신을 만나 사랑을 했고 사랑을 받았어요. 행복했습니다. 내가 할 수 있는 건 당신과 신에게 용서를 빌 뿐입니다. 함께 보냈던 날들에 감사합니다."라는 내용이었다. 이자벨은 남편의 진실한 사랑을 느끼고 자신의 죄를 고백하고 남편 톰과 함께 옥에 갇히게 된다.

한나는 따뜻하고 현명한 남자인 남편 프랭크가 예전에 했던 말을 떠올렸다. "용서는 한 번만 하면 되지만 누굴 증오하는 건 매일같이, 하루종일, 평생 해야 돼."라는 말을 지금 실행할 때라고 생각하고 그렇게 하기로 마음먹는다. 톰 부부를 용서하기로 하고 감옥에 갇힌 그들의 선처를 요청한다.

25년이 지난 후 톰은 바다가 보이는 농장에 살고 있다. 이자벨은 병으로 얼마 전에 세상을 떠났다. 딸 루시는 자신의 아이를 데리고 감사하다는 표현을 하고 싶어 25년 만에 톰을 찾아왔다. 따뜻한 마음을 나누고 루시를 보낸 후 톰은 해가 지는 바다를 바라본다.

해변가 모래 위에 온갖 흔적들을 만들어 놓더라도 파도가 지나가면 아무일도 없었던 것처럼 사라지게 된다. 세상이 끝날 것처럼 거친 파도와 바람이 몰려와도 그 폭풍우가 그치고 나면 언제 그런 일이 있었는지 모를 만큼 고요함이 찾아든다. 해변가 모래 위에 새겨졌던 많은 흔적도 발자국도 아무것도 남지 않고 없어진다.

누굴 증오하고 미워하는 일이 힘들지만, 그 미움을 내려놓기가 쉽지 않다. 사랑하는 그 사람이 내가 원하는 모든 것을 줄 것만 같았지만, 가장 원하는 것을 빼앗아갔을 때 느끼는 절망감을 어떻게 쉽게 내려놓을 수 있을까. 유산의 아픔으로 힘들어할 때 섬세하게 그녀의 마음을 살펴주고 가장 좋아하는 피아노를 치면서 마음을 달랠 수 있도록 따뜻한 사랑을 주었던 남편. 언제나 내 편이고 내 마음을 알아줄 것만 같았던 남편이 내가 그토록 원하는 아이를 빼앗아갔다고 생각했을 때 남편을 향한 원망과 분노는 남편의 진심과 사랑의 편지로 모두 녹고 해결되고 회복되어졌다.

원망과 분노의 거친 파도가 지나간 자리엔 모든 허물을 덮은 사랑만 있다.

#02. 온유한 말

긴 얼굴과 다리, 독특한 꼬리와 갈기는 말의 고유한 특징이다.
말의 몸길이는 마신이라고 한다. 보통 2.4m이다. 말의 키는 신장(身長)이라 하지 않고 체고(體高)라 한다. 보통 14.2핸드를 기준으로 말과 조랑말을 구별한다.
인간이 타고 다닐 수 있는 가축 중에서는 가장 빠르고 오래 잘 달린다. 초식동물이며 청각이 예민하고 겁이 많다. 큰 소리에 쉽게 겁을 먹으며 갑자기 큰소리가 나면 도망치거나 발길질을 한다.

조랑말 조랑이와 얼룩말 얼룩이는 연인이다.

이번 휴가에 둘은 여행을 떠나기로 계획을 세운다.

하루 일과를 마치고 만나면 둘은 여행계획을 세우기에 즐겁기만 하다.

커플 운동화를 고르고 함께 입을 잠옷도 쇼핑한다.

둘만의 시간을 만든다는 것이 설레는 일이다.

드디어 둘은 여행을 떠난다.

가볍게 식사를 하고 두둥실 구름 위를 날아오르는 비행기에 앉아 있다.

어느덧 상큼한 바다내음이 세상 처음으로 맡아보는 사랑의 향기인 것만 같다.

신나는 음악과 현지인들이 만든 수공예 소품을 구경하면서 서로에게 필요한 것을 골라 선물도 한다.

저녁을 먹지 않고 조랑이는 샤워를 했다.

설레며 며칠을 준비하면서 충분히 쉬지 못해서 그런지 몸이 많이 피곤하다.

연인 얼룩이도 뒤이어 지친 하루를 마무리하기 위해 샤워를 한다.

얼룩이는 피곤하기는 하지만 사랑하는 그와 함께 있다는 것이 너무나 행복하다.

조랑이는 샤워하는 얼룩이를 기다리다 잠시 잠이 들었다.

샤워를 마친 연인 얼룩이는 잠들어 있는 조랑이에게 서운한 마음이 쓱 올라온다.

'뭐야, 내가 씻는 그 잠깐을 못 기다리고 잠이 든 거야?'

나와 있는 게 그렇게도 피곤하다는 말인가? 야속한 마음을 가득 품은 채 그를 깨우지 않았다.

조랑이는 잠시 후 눈을 떴지만 뾰로통 토라져 있는 그녀의 마음을 이해하지 못한다.

내가 뭘 잘못했다고 이렇게 좋은 곳에 와서 말도 하지 않고 삐쳐 있는지 모르겠다.

#03. 온유한 내 마음 돌보기

1. 삶에서 가장 힘들었던 때는 언제인가요?

2. 마음 깊이 용서되지 않는 사람은 누구인가요?

3. 가장 나를 있는 그대로 이해하고 받아주는 사람은 누구인가요?

4. 용서되지 않는 사람과 어떻게 하고 싶은가요?

5. 내가 할 수 있는 용서의 표현은 무엇인가요?

6. 연인의 사랑을 가장 뜨겁게 느꼈던 때는 언제인가요?

7. 연인에게 내가 하는 사랑의 표현은 무엇인가요?

#04. 우리의 사랑은 온유한가

《우리의 사랑은 온유한가》

고찬근 지음 / 달

http://www.yes24.com/Product/Goods/103028731

이 작은 별에서 내가 당신을 사랑하는 일이 기적이 아니고 무엇이겠습니까? 저자는 천주교 사제입니다. 삶의 여정에서 꼭 알아야 할 것들을 가벼이 여기지 말라고 합니다. 모든 것들은 사랑과 평화를 위한 도구임을 알아야 한다고 말합니다. 특히 사랑을 강조하며 사랑만이 자신을 자신답게 만들 수 있다고 합니다. 그리하여 자신을 알아가는 기쁨과 권리를 누릴 필요에 대해 이야기합니다. 저자는 시인의 시선으로 바라보고 발견한 사랑의 순간들을 부드럽고 차분한 온기로 우리에게 손을 내밉니다.

[이 시대, 우리에게 필요한 다섯 가지 삶의 자세]

1. 사랑

• 사랑하지 않고 지나가 버린 하루는 의미가 없습니다. 사랑하기로 결심하

지 않고 시작한 하루는 허무하게 끝나기 쉽습니다.

2. 온유

- 온유하고 겸손한 사람은 점점 더 강해져서 세상의 온갖 무거운 짐들도 가볍게 지고 갈 수 있게 될 것입니다.

3. 감사

- 부족하더라도 감사하기, 그것은 큰일이 아니며 그것만이 자신의 존엄을 지키는 방식입니다.

4. 행복

- 우리가 그 어떤 경우에도 사랑을 선택한다면 우리 안의 참 행복은 늘 그 자리를 지키고 있을 것입니다.

5. 평화

- 우리가 진정한 평화를 원한다면 진정으로 사랑하면 됩니다. 세상 모든 살아있는 것들은 죽어서 다른 것이 되지만, 사랑은 영원히 사랑이 됩니다.

예기치 않게 찾아온 사랑

#01. 결단을 내린 것은 뒤돌아보지 않는다(영화 '화양연화')

영화 '화양연화(花樣年華)'는 '중경삼림', '동사서독', '타락천사'를 연출한 왕가위 감독의 작품이다. 왕가위 감독은 '화양연화'를 단편으로 계획했지만 스토리의 확장으로 부득이 장편으로 완성하였다고 한다. 많은 사람은 왕가위 감독의 영화 중에 '화양연화'를 최고의 작품으로 극찬한다. 당시 최고의 배우였던 장만옥, 양조위가 주연을 맡았다.

'화양연화'는 '인생에서 가장 아름다웠던 순간'으로 직역할 수 있다. 같은 날 같은 층의 아파트로 이사 온 첸 부인과 차우. 첸의 남편은 잦은 출장으로 오랜 시간 집을 비운다. 남편의 잦은 출장 탓에 첸은 혼자만의 시간이 많다. 차우는 맞벌이로 부부가 함께하는 시간이 적었다. 이사 첫날부터 자주 마주치던 두 사람은 차우의 넥타이와 첸 부인의 핸드백이 각자 배우자의 것과 똑같음을 알게 되면서 배우자의 불륜 관계를 알아차리게 된다. 차우와 첸은 같은 아픔과 슬픔을 공유하면서 묘하게 동질감을 느끼게 되고 서서히 그들의 로맨스는 시작된다.

영화에서 주인공인 첸은 아름답게 갖춰 입은 드레스를 입고 어두운 밤에 국수를 사러 시장에 간다. 어둠 속에서 걷는 그녀의 아름다움은 아주 매력적이다. 첸은 비좁은 자신의 방에서 벗어나 혼자만의 식사를 하기 위해 국수를 사러 나간다. 이는 답답한 현실에서 벗어나고 싶은 마음과 집 밖으로 나와 바깥공기를 마시면서 자신의 환경을 바꾸고자 하는 무의식의 행동이다. 그녀 첸이 국수가 담긴 국수 통을 들고 계단 끝까지 오른 후 사라지면 그 남자 차우가 그 길을 걷는다. 차우는 시장에서 국수를 사 먹고 들어간다. 차우와 첸은 퇴근 후 저녁 식사를 함께할 가족이 없었다. 포근하고 안락한 가정이 아니라 결혼은 했지만 외로움을 느끼면서 그들의 결혼 생활의 삶은 이어지고 있다.

영화는 차우와 첸이 언제부터 그들의 감정이 변화되었는지 명확하게 표현되지 않는다. 그들은 자신들이 미처 깨닫지 못하는 시간 속에서 서서히 특별한 감정을 갖게 되었다는 것이다.

배우자의 외도를 눈치챈 그들은 상대 배우자들의 마음을 알기 위해 배우자의 역할을 연기하면서 만남을 이어간다. 두 사람은 택시를 타고 이동하면서 첸은 자신의 남편이 먼저 유혹했을 거라는 생각에 격한 감정을 드러내는 장면이 있다. 또한 첸은 식당에서 음식을 주문하며 차우의 아내는 겨자와 매운 소스를 즐기는 것을 알게 된다. 남편이 만나는 여자가 어떤 사람인지 무엇을 먹고 어떻게 데이트를 즐기는지는 알고 싶은 욕구를 해소하는 과정이다.

차우는 괴로운 현실을 잊고자 자신의 꿈을 꺼내게 된다. 그동안 삶에 집중하면서 좋아하지만 하지 못하고 미루어 두었던 무협 소설을 쓰기 시작한다. 그녀 첸은 무협 소설 읽기는 좋아하지만, 글을 쓸 만큼은 아니다. 그러나 그와 함께한다. 소설을 빌미로 그들은 더 자주 만나 같은 공간에서 머물게 된다. 좁은 그들의 집은 주변의 상황과 눈을 의식해야만 하는 불편함이 있기에 차우는 첸과 편안하게 만날 수 있는 작업실을 호텔에 따로 마련한다. 하지만 둘이 함께 만나면서도 불륜을 저지르는 자신의 배우자들과는 다르다고 믿고 있다.

시간이 지날수록 생각이 많아진다. 두 사람은 배우자들의 마음을 알기 위한 연기를 위해 만남이 아닌 자신들의 감정임을 서서히 알아가고 있다. 자신들이 그토록 싫어하는 '불륜이 아닐까.'라고 생각하며 자신들의 사랑을 깨닫고 이별을 준비한다. 차우는 첸에게 당신은 남편을 떠날 수 없으니 내가 떠나겠다고 말한다. 얼마 후 차우는 첸에게 전화를 걸어 모든 걸 버리고 함께 떠나자고 제안하지만 그녀는 거절한다. 첸은 뒤늦게 작업실을 찾아가지만 차우는 이미 떠난 뒤였다. 첸은 텅 빈 작업실에서 눈물을 흘린다.

세월이 흘러 1년이 지났다. 싱가포르에 있던 그 남자 차우는 사라진 물건과 재떨이에 남겨진 담배꽁초를 발견하고 누가 다녀간 지 알 것만 같다. 차우가 출근한 사이 첸은 그가 머무는 공간에서 그가 좋아하는 담배를 입에 물고 그가 앉아 쉬는 의자에 잠시 머물다가 자신의 물건인 슬리퍼를 가지고 떠난다.

3년의 시간이 또 흘렀다. 차우는 추억이 깃든 아파트를 찾아온다. 그녀를 다시 추억한다. 그때 그녀는 그 자리에 다시 돌아와 있었다. 하지만 차우는 그 자리에 있는 그녀를 알아차리지 못하고 그냥 스쳐 지나간다.

여행 중인 차우는 캄보디아의 앙코르와트 어느 작은 구멍에 입을 가져다 대고 비밀스러운 자신의 사랑 이야기를 털어놓고 떠난다. 작은 구멍에 모든 비밀을 넣어두고 떠나면서 영화는 끝을 알린다.
은밀하게 자신의 것을 감춰 둔 채 차우는 돌아서지만 어린 동자승이 그 장면을 지켜보고 있다는 것을 알아채지 못한다. 시간이 지나면서 그 작은 구멍에는 식물이 자라나고 있다.

사랑은 예외가 없다. 누구에게나 찾아오는 것이다. 때로는 아무도 알지 못할 것 같은 비밀스러운 사랑을 품에 안고 가야만 하기도 한다. 차우는 자상한 남편이었다. 아내를 살뜰히 살피면서 제 일을 잘 해내고 있는 사람이었다. 아내의 배신을 눈치챈 후 자신은 그와 다를 것이라고 생각했다. 그렇게 시작된 자신의 도덕적 우월감이 가슴 아픈 5년간의 비밀이야기를 만들어내게 됐다.

차우와 첸은 둘만의 시간을 보내면서도 우리는 진짜 사귀는 게 아니라는 정당화를 하면서 만남을 이어갔다. 반복적으로 만나고, 서로의 마음을 읽어주려 하고, 같은 아픔을 공유하게 된다면 어렵지 않게 우리도 이와 같은 감정을 만날 수도 있다.

차우와 첸은 서로에게 책임지는 말은 하지 않았다. 자신의 감정을 드러내지도 않았다.
예기치 않게 찾아온 사랑에 용기 내어 표현하지도 않았다.

차우와 첸의 '화양연화'는 두 사람이 함께하지 않는 것을 선택하는 결단이 있었기에 두 사람의 5년의 시간을 인생에서 가장 아름다웠던 순간으로 간직할 수 있다.

#02. 결단의 오소리

오소리는 야행성의 포유동물이며 겨울잠을 잔다. 크기는 90cm, 몸무게는 8-12kg이다. 다리가 굵고 발톱은 크고 날카롭다. 땅굴을 잘 파는데 2m~8m의 큰 규모 입구에 경사진 턱을 만들어 빗물이 들어오지 못하게 하고, 보조 출입구도 만들어 위기상황에 도망갈 길을 따로 뚫어 놓는다. 여름에는 번식용으로 굴을 이용하고, 겨울에는 굴에서 겨울잠을 잔다. 문제가 생기면 재빨리 결정하고 그 결정을 전심을 다 해 수행한다.

벌꿀오소리 후후는 정의로운 남자예요.

자신의 집을 망가뜨린 범인에게 사과받고 싶어요.

잘 못 했으면 사과하는 것이 당연한 것이라고 생각되지요.

그러나 주변 친구들은 사과를 받는 것은 당연하지만 너무나 힘이 세고 사나운 표범과 마주하는 것은 오히려 바보짓이라고 말해요.

여자친구도 그냥 참고 넘어가자고 말해요.

벌꿀오소리 꾸꾸는 굽히지 않고 자신만의 방법을 찾아요.

자신은 사과를 받아야겠다고 생각했기에 굽히지 않는 거예요.

그리고 그 결정은 최선을 다해 성공하려고 노력했어요.

먼저 도전장을 내미는 거예요.

모두가 말렸지만 끝까지 해봐야 했어요.

벌꿀오소리 꾸꾸는 자신이 할 수 있는 것에는 최선을 다해요.

여자친구와 데이트 중에도 불의한 일은 그냥 넘어가지 않아요.

때로는 벌꿀오소리 꾸꾸의 거침없는 행동 때문에 데이트를 망칠 때도 있어요.

그러나 벌꿀오소리 꾸꾸는 자신의 행동이 맞다고 생각해요.

여자친구가 이해해 주기를 바라요.

덩치가 작은 벌꿀오소리 꾸꾸는 타인의 눈을 의식하는 것이 아니라 자신의 선택에 최선을 다할 뿐이에요.

마음에 결정을 내리면 끝까지 해보는 벌꿀오소리 꾸꾸예요.
용단을 내린 것은 뒤돌아보지 않고 실행하는 멋진 남자 벌꿀오소리 꾸꾸예요.

#03. 결단력 있는 내 마음 돌보기 위한 질문

1. 시간을 돌릴 수 있다면 어느 순간으로 가고 싶은가요?
2. 그 시간으로 돌아가면 무엇을 하고 싶은가요?
3. 그 순간에 가장 미안한 마음이 드는 사람은 누구인가요?
4. 최근에 결단을 내리기 힘들었던 것은 무엇인가요?
5. 결정할 때 가장 우선순위에 두는 것은 무엇인가요?
6. 결정을 후회하거나 되돌린 것은 무엇인가요?
7. 실수를 인정할 때 드는 마음은 어떠한가요?

#04. 선택적 결단의 힘

《선택적 결단의 힘》

고도 토키오 저 · 정문주 역 / 아이템하우스

http://www.yes24.com/Product/Goods/110835347

'결단의 힘'이란 혼자서 결정을 내리는 힘을 말한다. 이 힘이 있으면 개성과 자기다운 가치를 드러낼 수 있고 자심감 있게 자기 삶을 살아갈 수 있다고 한다. 자신의 바탕에 강렬한 자기 책임 의식이 있으면 삶을 대하는 자세가 지극히 능동적으로 바뀌면서 스스로 움직이려는 태도가 생기게 된다. 남의 뒤를 따라가지 않기 위해서는 스스로 결정하는 자기 주도 인생법을 가져야 한다고 말한다. 살아가면서 오롯이 자신의 힘으로 결정하고 결과도 모두 자신이 책임지는 것이다. 책임질 각오를 하였다면 결과가 어떻든 자기 것으로 받아들여야 한다. 자기만의 행복을 추구하기 위해서는 반드시 자신의 판단과 행동으로 결정하라고 한다.

[정보의 선택과 결단에 반드시 필요한 원칙]

1. 절대적으로 신중하게 접근해야 한다.

2. 정보제공자의 목적과 의도를 가늠해봐야 한다.

3. 자신의 가치관을 함부로 드러내어 정보에 대입해서는 안 된다.

4. 일반적인 상식선을 벗어난 정보는 믿어서 안 된다.

5. 자신의 취약점을 알고 스스로 통제선을 벗어나지 않아야 한다.

6. 선택한 길이 자신의 길이라는 확신이 들면 포기하지 않아야 한다.

7. 정보의 확인이 반드시 필요하다.

8. 인생의 멘토나 전문 상담가를 활용한다.

(출처 : 라이프 스쿨(LIFE SCHOOL) blog.naver.com/5goldenpig/222849850271)

05

사랑에도 예의가 있다

#01. 공격하지 않기(영화 '해어화')

해어화는 당나라 현종이 양귀비를 보고 처음으로 사용한 단어라고 한다. 미녀나 기생을 말하는 단어로 '아는 꽃'이라는 뜻이다.

영화 '해어화'는 2016년 4월 개봉했다. 1943년 일제 강점기 끝의 시대적인 배경이다. 그 시절의 서울을 무대로 기생(해어화)들의 이야기를 담은 작품이다.

소율과 연희는 경성 제일의 기생 학교 대성권번에서 둘도 없는 친구다. 소율은 빼어난 미모와 탁월한 창법으로 최고의 예인으로 불린다. 연희는 심금을 울리는 목소리로 선생 산월의 총애를 받고 있다. 당대 최고의 작곡가인 윤우는 '조선의 마음'이라는 노래를 작곡하여 민중의 마음을 어루만지는 노래를 만들려고 한다. 윤우의 그 노래를 소율은 자신이 부르고 싶어 한다.

소율은 어느 날 이난영 선생님의 음악회 티켓을 윤우에게 받았다. 친구 연희와 함께 간 음악회에서 이난영 선생님은 소율의 친구인 연희를 특별한 사람이라고 소개한다. 연희는 행복하고 사랑스럽게 '봄날의 꿈'을 부르며 무대를 꾸몄다.

그날 이후 작곡가인 윤우는 연희에게 레코드 취입(吹入)을 제안한다. 그러나 친구 소율과의 약속을 지키려고 윤우의 제안을 거절한다. 노래는 기생으로서 한정된 곳에서 부르는 것이 아닌 모두의 것이 되어야 한다고 윤우는 설득하였고, 받아들인 연희는 가수가 되어가고 있었다.

연희의 공연을 보러 간 소율은 오라버니 윤우에게 눈빛이 향했다. 연희를 바라보는 윤우의 애절한 모습을 지켜보던 소율은 그 자리에 더 이상 머물 수가 없었다. 공연이 끝난 후 소율은 꽃다발을 안고 연희를 찾아간다. 부어오른 연희의 발목을 애틋하게 살피는 윤우, 그와 함께 있는 연희를 본 소율은 자신도 주체할 수 없는 질투심이 불타올랐다.

그 후 그녀는 일본 권력자의 힘 있는 경무국장 히라타에게 찾아가 그의 여자가 된다. 소율은 경무국장의 지원으로 '여인의 미소' 레코드를 낸다. 그러나 소율의 노래는 연희의 노래보다 못 하다는 사람들의 평가를 받으며 소율은 강한 열등의식을 갖는다.

소율은 연희가 잘 되는 것을 지켜볼 수가 없다. 경무국장 힘을 빌려 연희의 '조선의 마음'이 발매 불허가 되도록 한다. 연희는 레코드 발매 불허가 된 것이 소율 때문이라는 것을 알고 분노한다. 소율은 레코드 발매 불허로 어려움에 처한 윤우를 찾아간다. "한 번 변한 마음 두 번은 못 변할까? 오라버니가 마음 바꿔요."라며 연희에게 향한 윤우의 마음을 갖기를 원한다. 그러나 그의 마음은 다시 돌아오지 않는다.

소율은 "나는 모든 걸 너에게 줬는데 너는 나에게 왜 그랬냐?"고 윤우를 빼앗아간 연희에게 읍소한다.

이에 연희는 "나는 아무것도 훔치지 않았어."라고 말한다.

소율은 "근데 왜 나는 아무것도 없지? 너도, 윤우 오라버니도, 노래도……."라고 말하고 "연희 니가 없어졌으면 좋겠어, 연희야, 너만 아니면 내가 이럴 순 없어……."라고 말한다.

연희는 울부짖는 소율을 향해 "아니, 널 그렇게 만든 건 너야. 너는 이제 아무것도 아니야, 동무도 아니야, 더러운 창녀야!"라고 소율을 향해 퍼붓는다.

한때는 전부였던 친구였다. 하지만 자신의 이기적인 마음만 들여다보면서 상대가 이해해 주기를 바랄 뿐이다.

절대 변하지 않을 거라고 소율을 향해 맹세했던 윤우는 사랑의 마음이 흔들렸다. 소율에게 사랑을 맹세한 오라버니 윤우는 소율과 이별이라는 과정을 거치지 않았다. 그녀를 배려하지 않은 것이다.

마음이 움직이는 것은 어찌 막을 수 있겠냐만 사랑에도 예의가 있다. 친구 연희는 소율이 오라버니 윤우를 좋아하는 마음을 모르지 않았다. 친한 친구 소율이 오라버니를 향해 설레는 마음을 가진 것을 이미 눈치채고 있었다. 그러나 그 남자가 자신을 향해 다가올 때 연희는 거절하지 않았다. 당대 최고의 노래를 작곡한 작곡가라는 것으로도 연희는 이미 마음을 빼앗겼다. 그를 너무나 매력적이고 멋있는 사람으로 상상하고 있었다. 그런 사람이 연희에게 다가올 때 거절하기는 쉽지 않다.

그러나 자연스럽게 친구의 남자를 내 남자로 만드는 연희를 지지하기 어렵다. 사랑의 마음은 어쩔 수 없지만, 관계의 정리라는 것이 필요하고 그 선택에는 책임이 따르는 것이다. 한때의 연인이었던 상대에게 마침표를 정중히 찍는 예의는 갖추어야 한다.

소율은 떠나가는 사랑에 집착했다. 친구도 오라버니도 처음부터 내 것이 아니었지만 모두 나의 것인 줄 알았다. 곁에 머무는 순간 느끼고 행복해하는 것으로 이미 충분히 소유했다. 그것으로 만족할 수 있으면 좋겠다. 그들의 의사를 존중하고 보내줄 수 있었다면 서로의 삶은 파멸에 다다르진 않았을 것이다. 각자의 영역에서 응원해주고 지지하는 친구, 좋은 파트너로 지냈다면 그들의 삶은 어떻게 펼쳐졌을까.

윤우는 소율을 확실하게 놓지 않은 상태에서 연희와 마음을 나누었다. 소율에게 주었던 상처와 미안함의 표현에 서툴렀다. 자신의 마음은 절대 변하지 않는다고 말했던 그였다.

소율은 연희의 목소리를 부러워했다. 사랑하는 남자의 변심을 인정하지 않았다. 평생토록 연희의 노래를 부러워하며 갈망하며 살았다. 질투와 열등의 마음을 안고 살았다. 세월이 흐른 뒤 자신이 부른 노래가 연희의 노래에 결코 뒤지지 않는다는 평가와 인정을 받는다.

소율, 그녀가 평생 동안 갖고 있던 것은 무엇인가!

타인을 공격하는 것은, 결국은 자신을 공격하는 일이다.

#02. 용서의 양

양은 되새김을 하는데 염소와 달리 수염이 없다. 약 35~180kg 정도 된다. 생후 1년이면 성숙하고 1년 6개월이면 새끼도 낳을 수 있다. 양은 유순한 동물로 떼를 지어 풀을 먹는다. 포식자의 공격을 거의 피하지 못한다.

조그만 양과 하양이 양은 연인이다.

조그만 양은 목소리가 아주 작은 여자다.

하양이 양은 마음이 아주 약한 남자다.

둘은 알콩달콩 희희낙락 사랑스러운 연애를 한다.

데이트를 할 때도 행여나 주변에 피해를 주지나 않을까 조심조심한다.

카페를 가도 다른 테이블에 방해가 되지 않도록 작은 소리로 이야기한다.

식당에서 식사를 할 때도 서로의 입맛을 존중해서 메뉴를 선정한다.

둘은 서로를 배려하는 것은 물론 주변 상황도 신경을 쓴다.

조그만 양은 목소리는 작지만 자기 생각을 말로 표현하는 것을 좋아한다.

남자친구 하양이 양을 만나면 제잘제잘 이런저런 이야기를 할 때 신이 난다.

조그만 양의 작은 목소리로 종알종알 이야기하는 모습이 사랑스럽기만 하다.

하양이 양은 여자친구 조그만 양이 너무나 사랑스럽다.

식사를 마친 둘은 호숫가 공원을 거닐기로 했다.

조그만 양의 제잘제잘 이야기가 시작되었다.

손을 잡은 둘은 맑은 공기와 함께 산책을 하고 있다.

이때 누군가 둘을 향해 무엇인지 불편한 내색을 한다.

둘은 이내 상황을 알아차렸다.

산책로는 일방통행인 것이었다.

조그만 양과 하양이 양은 불편한 마음에 웃음기가 사라졌다.

정상적인 방향으로 다시 걷기 시작했다.

작은 실수도 하지 않으려는 두 사람은 일찍 집으로 가기로 했다.

마음속으로 떠올리면서 실수를 다시 하지 않도록 조심하고 또 조심하려고 마음을 다잡는다.

둘은 서로에게도 실수하지 않으려고 계속 노력하는 연인이다.

#03. 용서하는 내 마음 돌보기

1. 나를 무조건 지지해주고 존중해 주는 사람은 누구인가요?

2. 그 사람의 어떤 말과 행동이 나에게 힘이 되는가요?

3. 누군가에게 비난의 말을 들었을 때 나는 어떻게 하는가요?

4. 아직 해결하지 못한 관계의 아픔은 누구인가요?

5. 불편한 관계를 어떻게 해결하고 싶은가요?

6. 불편한 관계 개선을 위해 내가 할 수 있는 것은 무엇인가요?

7. 내가 무조건 지지해주고 존중하는 사람은 누구인가요?

#04. 용서, 나를 위한 선택

《용서, 나를 위한 선택》

프레드 러스킨 저 · 장현숙 역 / 알에이치코리아(RHK)

http://www.yes24.com/Product/Goods/12291174

용서는 '바로 지금 이 순간 내가 체험하는 평화의 느낌과 이해의 느낌'이라고 정의한다.

용서는 선택이다. 당신이나 나나, 우리를 괴롭힌 사람들을 용서해야 할 의무는 없다. 결정은 우리 손에 달렸다. 용서를 삶에서 실천하고자 하는 이들에게 유용한 안내서다. 용서의 본질에 접근해가는 합리적인 태도와 탁월한 성찰에 있다. 부정적인 감정을 해소하라는 조언이 아닌 용서처럼 부정적인 감정이 건강에 왜 독이 되는지를 말해준다. 부정적인 감정을 극복하고 평화를 되찾는 솔루션을 알려준다.

용서 능력 알아보기

◎ 아래에 있는 문항을 주의 깊게 읽고, 지난 1년간 실제로 어떠했는지에 근거하여 가장 적절한

숫자에 ○표하십시오.

전혀 아니다	약간 그렇다	어느정도 그렇다	상당히 그렇다	매우 그렇다
1	2	3	4	5

1. 누가 나에게 한 불쾌한 일을 잘 잊어버리는 편이다.	1	2	3	4	5
2. 나는 결코 다른 사람에게 복수를 꾀하지 않는다.	1	2	3	4	5
3. 비록 나의 적이라 하더라도 그들이 고통받는 것을 원하지 않는다.	1	2	3	4	5
4. 용서하고 잊는 것이 최선이라고 믿는다.	1	2	3	4	5
5. 나에게 함부로 대하는 다른 사람의 행동을 이해하려고 노력한다.	1	2	3	4	5
6. 다른 사람이 상처를 주거나 피해를 준 경우에도, 나는 그들을 잘 용서하고 자비롭게 대하는 편이다.	1	2	3	4	5

나의 점수 _____점

♧ **결과해석**
06~09점 : 용서 능력이 부족한 상태이므로 계발을 위한 적극적 노력이 필요함.
10~20점 : 용서 능력이 보통 수준이므로 계발을 위한 노력이 필요함.
21~25점 : 상당한 용서 능력을 가지고 있으므로 강점으로 계발하기 바람.
26~30점 : 매우 탁월한 용서 능력을 가지고 있으며 대표 강점으로 계발하기 바람.

06

그들만의 사랑을 이어간다

#01. 성장하기 위해서는 수용성이 필요하다(영화 '로망')

영화 '로망'은 2019년 개봉한 한국 영화다. 흥행작으로 꼽히지는 않지만 '제40회 황금촬영상 신인 촬영상', '제3회 안양신필름예술영화제' 수상을 한 작품으로 이창근 감독의 데뷔작품이다.

"지워지는 현실과 떠오르는 기억들을 사랑스럽고 아릿하게 그리고 싶었다."고 이창근 감독은 말했다.

75세 택시기사 남편 조남봉과 71세 아내 이매자의 부부 이야기다. 결혼 45년 차로 몸도 마음도 닮아져 있는 부부가 동시에 치매에 걸렸다. 고집스럽고 소통이 잘되지 않는 남편과 포근한 안식처와 같이 평생 가족들만 챙기느라 자신의 몸은 돌보지 않은 아내다. 그러던 어느 날 이매자는 정신을 놓는다.

과거 남편 남봉이 친구들과 술을 마시러 나간 사이에 딸 진숙이를 연탄가스로 잃었던 아픔을 간직한 채 살아왔다. 연애 시절 매자는 남봉에게 로망이 뭐냐고 물었다. "토끼 같은 자식들 든든하게 지켜주는 거."라는 남봉의 말에 든든함이 느껴지는 남자다.

그렇게 든든하고 멋있는 남자를 믿고 결혼했다. 남봉은 보드랍고 달달한 로맨틱가이는 아니지만, 그의 투박함이 사랑의 표현이라 생각하면서 45년을 묵묵히 걸어왔던 아내 매자다.

매자의 치매 증상을 가장 먼저 알아차린 사람은 남편 남봉이다. 그녀를 위해 가족 소풍을 계획했다. 즐겁고 행복함을 안겨주고 싶은 소풍이었지만 소풍을 가서 매자가 가족을 못 알아보면서 치매 증상을 가족들이 알게 되었다. 시어머니 매자의 치매 증상으로 며느리는 자신의 딸을 데리고 친정으로 가버리고 아들까지 집을 나갔다.

어느 날 남봉의 보물 1호인 택시를 누군가 망가뜨렸다. 남봉은 범인을 잡으려는 목적으로 블랙박스를 열어 누가 자신의 차를 망가뜨렸는지 알아내려고 했다. 남봉은 뜻밖의 장면을 목격한 후 절망하고 만다. 바로 자신이 차를 망가뜨린 사람이라는 것을 알게 됐다. 남봉 자신이 치매를 앓고 있다는 사실이다.

남봉과 매자는 부부가 동시에 치매를 앓고 있다. 둘은 서로를 돌보기로 결심했다. 그들은 정신이 들었을 때 메모를 남기며 의사소통을 이어간다. 그러면서 그들만의 사랑을 이어가고 있다. 자신들 앞에 놓여있는 현실과 마주하며 최선을 다하면서 자식들에게 폐를 끼치지 않으려 했다.

노인이 겪는 상황을 억지스럽지 않게 그렸다. 사람에게 정신이 중요하다. 기억을 붙잡을 수 없다는 것이 얼마나 안타까운가.

영화 '로망'은 우리 사회의 현재 모습을 엿볼 수 있다.
"치매도 옮기나요?" 전염병이냐고 질문하는 아내 매자.

오래되고 고장 나면 폐차하면 되나요? 폐차로 버리면 그만인지 우리에게 묻는다.

부모보다 가정이 먼저라고 말하는 아들 진수를 위해 치매 걸린 연약한 부모는 아들을 가정으로 돌려보낸다. 할 수 있는 전부를 끝없이 주어도 부족하게 느껴지고 미안한 것이 부모다.
자식에게 항상 죄인이다. 엄마찬스, 아빠찬스로 입시부정에 관한 이야기가 화재였다. 상대적인 박탈감으로 부모찬스를 못 쓰는 자녀들의 허탈감이 있다. 자식에게 더 많이 해주지 못하는 부모의 분노 또한 만만치 않았다. 가장 좋은 것으로 주고 싶은 것이 부모의 마음이다. 아무리 시대가 변하고 자신의 행복이 먼저라고 해도 부모는 본능적으로 자식이 인생에서 우선순위다.

가장 크고 위대한 그 사랑을 도덕적인 테두리 안에서 부모는 마음껏 보여주고 그 사랑을 자녀에게 물려주자.

부부가 살아오면서 깊은 절망감으로 같이 있지만, 혼자라는 외로움을 느껴보지 않은 사람은 없다. 배우자의 불성실함으로 또는 실수로 의도하지 않았지만, 경제적으로 힘이 들 때 가장 든든한 지지자인 배우자가 한순간 남으로 느껴질 때가 있다.

심리학적 용어의 '자기 분화'가 있다. 다른 사람과의 관계에서 자주적이고 독립성을 유지하면서 사고와 감정을 분리할 수 있는 능력을 말한다. 결혼 생활을 하면서 오랫동안 행복감을 갖기 위해서는 각자의 자기 분화가 얼마나 되었느냐가 중요하다. 물론 연애도 마찬가지다. 어떤 일을 마주할 때 네 탓이 아닌, 나의 객관성을 볼 수 있다면 감정에 함몰되어 상대를 공격하지 않을 수 있다.

45년간 투박하게 살아오면서 너 때문에 내 인생이 이렇게밖에 살 수 없었다고 원망하지 않는다. 열심히 살아온 배우자를 자신의 방식으로 돌보고 사랑한다.

#02. 융통성 있는 벌새

벌새는 새 중에서 가장 작다. 약 320종이 있다. 크기는 50~214mm로 무게는 1.8~24g이다. 주로 혼자 생활하며 용감하고 겁이 없다. 민첩한 벌새는 쏜살같이 달려가 꽃 위로 날아다니며 공중에서 날벌레들을 잡을 수 있다. 벌새는 1초에 90번이나 제 몸을 쳐서 공중에서 정지한 자세로 꿀을 빨아 먹는다.

귀여운 모습의 옐로는 어릴 때 몸이 약했다.

친구들이 운동장에서 달리기를 할 때 자신은 이어폰으로 들려오는 음악을 들으며 휴식을 취했다.

옐로는 어릴 때 친구들이 키가 작다고 놀렸다.

그때는 키가 작으니까 작다고 말하는 것으로 생각했다.

그 친구들처럼 씩씩하고 건강해지고 싶었다.

맛있는 음식을 많이 먹고 싶었지만, 입이 짧았다.

조금만 먹으면 더 이상 먹을 수 없었다.

먹고 싶은 것도 별로 없었다.

옐로는 영상편집 하는 것을 좋아했다.

여러 자료를 편집하여 하나의 작품을 만들어냈다.

그런 일들이 그냥 재미있다.

때로는 밥을 먹지 않고 작업만 하고 싶다.

엄마는 옐로에게 말했다.

"다른 아이들처럼 밖에 나가 뛰어놀아야 건강하다".

"외톨이처럼 혼자 놀면 나중에 어떻게 살아갈 것이냐?"라고 걱정을 쏟아내기도 했다.

옐로는 뛰어놀기에는 너무 힘들고 운동장에서 몸으로 노는 것은 재미가 없다.

좋아하는 음악을 들으며 재미있는 영상들을 보며 자신만의 메시지를 만들어내는 일이 너무 재미있을 뿐이다.

옐로는 엄마에게 말한다.

"나는 친구가 많아요, 걱정하지 마세요. 운동하며 몸으로 부딪치는 친구만이 아니라 또 다른 방식으로 소통하며 마음을 나누는 친구들이 아주 많아요. 따라서 저는 외톨이가 아니니 걱정하지 마세요."

옐로는 자신이 만든 영상으로 평가를 받으며 그 안에서 친구들과 이야기를 나누는 일이 너무 즐겁고 행복하다.

#03. 융통성 있는 내 마음 돌보기

1. 최근에 성공한 나의 좋은 습관은 무엇인가요?

2. 습관이 되기까지 어떻게 했나요?

3. 원하는 대로 되지 않을 때 대안은 어떻게 찾나요?

4. 나를 위한 최고의 선물은 무엇인가요?

5. 최근 연인과 이루어낸 좋은 결과는 무엇인가요?

6. 연인과 함께 이루고 싶은 것은 무엇인가요?

7. 그것을 위해 가장 먼저 준비해야 할 것은 무엇인가요?

#04. 꼭 알고 싶은 수용-전념 치료의 모든 것

《꼭 알고 싶은 수용-전념 치료의 모든 것》

이선영 지음 / 소울메이트

http://www.yes24.com/Product/Goods/46212140

개인이 느끼는 불안과 고통을 이해하고 극복할 수 있게 도와주는 수용-전

넘 치료(Act)의 전반을 다룬 책이다. 저자는 이 책을 통해 누구나 경험할 수 있는 불안이나 무력감 등 원치 않는 인간 공통의 정서 경험을 어떻게 받아들여야 하는지, 그리고 치료자나 내담자의 구분 없이 내면의 아픔과 상처를 극복할 수 있는 큰 맥락은 무엇인지 설명한다. 저자는 개개인이 느끼는 불안이나 우울은 본질적으로 차이가 없고, 단지 이러한 경험과 자신이 어떻게 관계를 맺는지가 다를 뿐이라고 강조한다.

[융통성 있는 유연한 사고를 키우는 5가지 전략]

1. 무엇인가를 습득할 때는 적극적으로 받아들이고 배우려 하는 자세 유지하기
2. 대안적인 사고를 하는 연습하기
3. 변화를 두려워하지 않기
4. 역지사지의 마음으로 생각하기
5. 긍정적인 생각과 습관 갖기

(출처 : https://blog.naver.com/haneulhae01)

07

어느새 사랑이 스며든다

#01. 친구를 얻고 싶으면 친구가 돼라(영화 '내 사랑')

영화 '내 사랑'은 2017년 7월 개봉작으로 실화를 바탕으로 한 영화다. 원제인 Maudie는 모드 루이스(Maud Lewis)의 애칭이다. 영화의 제목은 그녀의 삶을 이야기한 책《내 사랑 모드》에서 따왔다. 세상에서 가치 없어 보이고 초라한 남자와 여자의 모습이다. 퉁명스럽고 건조함으로 가득한 남자에게 가정부의 역할을 담담히 해나가는 여자. 매력적인 여자로 보여지기에는 너무나 초라한 모습의 불편한 몸을 가진 그녀는 최선을 다해 스스로 가정부의 일을 해나간다. 요리를 하고 청소도 하고 또 그림으로 벽면을 장식하기도 한다. 이 둘의 관계에서 사랑이라는 단어는 전혀 어울릴 것 같지 않은 그들의 외적인 요소의 만남이다.

영화의 실제 주인공은 그림을 사랑한 모드 루이스다. 캐나다에서 태어났다. 그녀는 류머티즘 관절염의 만성 염증성 질환 선천적인 장애를 가지고 태어난 환자다. 그녀가 서른이 넘었을 때 오빠는 집을 팔고 숙모 집에 모드를 맡겼다. 어릴 적 모드는 부모의 지지와 사랑으로 조금은 불편한 몸이지만 생활에 부족함 없이 자랐다. 부모님이 돌아가신 후 오빠는 부모님과 함께 살았던 집마저 팔아 버린 후 모드를 거친 환경에 내몬 것이다. 모드는 숙모의 집에서 눈칫밥을 먹고 지내면서 독립을 꿈꾸고 있을 때 우연히 가정부를 구한다는 메모를 보고 에버렛의 집을 찾아가게 된다.

에버렛은 고아원 출신의 남자다. 바다에서 물고기를 잡아서 팔기도 하고 장작을 팔고 보육원에서 일하며 생활한다. 그의 집은 마을에서 떨어진 외딴 아주 작은 집이다. 그는 넉넉하진 않지만 남자 혼자 생활하기에 집안일을 도와줄 사람이 필요했던 것이다. 에버렛은 가정부로 일하겠다고 찾아온 모드가 탐탁지 않았다. 작은 체구에다 장애를 앓고 있는 여인을 받아들이기 싫었다. 일에 서툰 모드를 모욕을 주면서 나가라고 그를 몰아붙였다. 하지만 모드는 그런 수모를 버티면서 청소와 식사를 준비했다. 모드는 생닭을 잡아 스프를 만들고, 청소를 하고, 가구에 색칠을 하면서 집안을 꾸몄다. 에버렛은 따뜻하게 격려하지는 않았지만 모드가 집안일을 하도록 내버려 두었다. 모드는 자신이 할 수 있는 최선으로 집안일에 열중했다.

둘의 동거는 여자인 모드가 성적인 노예의 삶을 산다는 주변의 시선을 받게 된다. 모드는 결혼으로 당당한 관계가 되기를 요구하지만, 에버렛은 아무하고나 쉽게 결혼을 할 수 없다며 거절한다. 외딴집에 온 에버렛의 지인인 프랭크는 모드와 이야기를 나누며 악수를 청한다. 이 모습을 본 에버렛은 모드의 뺨을 때린다. 뺨을 맞은 모드는 두 달 동안 가정부로 일한 돈을 달라고 한다. 모드는 돈을 받아서 오두막을 나왔다. 그 돈으로 사고 싶었던 물감을 사서 오두막으로 다시 돌아온다. 에버렛의 곁에 계속 머무는 모드다.

  뉴욕에서 온 샌드라는 선불을 주고 주문한 생선을 받으러 외딴집에 방문한다. 집안에 그려진 그림을 본 샌드라는 놀란다. 벽면에 그려진 닭을 설명하며 모드는 살아있는 시절을 기억해 주고 싶어서 그림으로 남긴다고 했다. 모드는 집주변의 합판을 주워 계속해서 그림을 그렸다. 샌드라의 집에 방문해 생선을 배달했다. 모드는 샌드라에게 그림카드도 건넸다. 카드를 받은 샌드라는 그림카드를 돈을 주고 사겠다면서 주문한다. 모드는 주문받은 카드를 정성을 다하여 그렸다.

  하얀 눈이 내리는 겨울엔 에버렛이 마차를 태워주기도 하고, 장작을 쪼개는 에버렛을 위하여 모드는 따뜻한 차를 준비하기도 한다. 그녀는 그림 창작에 더욱 몰두했다. 모드는 그림을 그리면서 담배를 즐겼다. 에버렛은 물감을 사 주기도 했지만 모드의 그림을 돈을 주고 사는 사람들을 도무지 이해할 수 없었다. 집으로 찾아온 샌드라는 더 큰 그림을 보고 싶어 했다. 샌드라는 돈을 주고 모드의 그림은 뭐든지 사겠다고 한다. 모드는 그림을 팔아 돈을 벌면서 인정받게 되고 마음 편히 그림을 그리게 됐다. 그녀는 완성된 그림에 에버렛의 이름도 넣었다. 동업자이며 함께 그린 그림이라며 모드는 에버렛의 존재에 감사함을 표했다.

둘은 작지만 화려한 결혼식을 한다. 영화 포스터의 그 장면! 결혼식을 치른 후 다리가 불편한 그녀를 마차에 태우고 집으로 돌아가는 행복한 장면이다. 모드는 그림을 그려 창가 쪽에 전시하고 그림을 판매한다는 글도 집 앞에 써 놓는다. 그러다 지역신문에 모드의 기사가 났다. 에버렛과 모드는 서로에게 익숙해져 가고 자연스러운 생활의 풍경들을 그림으로 담아낸다. 캐나다 방송 국에서 모드의 그림과 삶을 소개했다. 집안의 그림들도 보여주고, 인터뷰도 하고, 남편 에버렛과 함께 촬영했다. 미국의 닉슨 부통령이 모드의 그림을 샀 다는 것도 소개된다. 방송 이후 모드는 유명해지고 그의 외딴집에는 사람들 이 몰려 들어와 그림을 구경하게 된다.

그림을 좋아하는 사람들에게서 그녀에게 편지가 계속 왔다. 폐기종으로 담 배는 안 된다는 의사의 경고를 들었다. 모드는 걸음을 걷기도 힘들 정도로 건 강이 악화하였지만 그림 그리기를 계속했다. 관절염이 안 좋아져 이젠 붓을 쥐기도 힘겹다. 그림을 그리던 모드가 갑자기 쓰러졌다. 에버렛은 괜찮다는 모드의 말을 지나치게 믿은 자신을 후회했다. 평생 모드를 부족한 사람이라 고 생각하며 산 것에 눈물 흘렸다. 모드는 자신은 사랑받았다며 평안한 미소 로 숨을 멈추었다.

남편 에버렛은 사랑에 서툴 뿐 아니라 표현이 거칠고 투박하다. 고아원에서 자란 그는 누군가에게 따뜻하게 표현하고 정을 나눌 여유를 갖지 못했다. 세상에서 버림받은 것 같은 초라한 모습의 여인 모드를 만났을 때 자신보다 하찮게 여겨졌다. 그녀에게서 자신이 원하는 따뜻하고 아름다운 가정의 모습, 행복한 사랑을 그려볼 수 없었기에 그녀를 여러 번 밀어냈다. "다른 사람들은 당신을 좋아하지 않더라도 나는 당신이 좋아요."라고 말하는 그녀에게서 그의 단단한 마음은 조금은 풀어지고 있었다. 서로 의식하지 못했지만 둘이 함께 있을 때 가장 편안함을 느꼈다. 누군가와 사귐을 하고 사랑을 시작할 때 눈에 보이는 조건을 먼저 보고 그와 마음을 나누고 싶어 한다. 그러나 나도 모르게 끌리는 그 사람, 그녀를 보살펴줘야 할 것 같은 이끌림에 떨치지 못하고 함께하다 보면 어느새 사랑이 스며든다.

사랑이란 날마다 달콤하지도 포근하지도 않다. 함께 하는 시간 속에서 자신의 나약함을 있는 그대로 내어 보이고 반성하고 돌이키기를 반복한다. 그럼에도 그에게 원망이나 분노가 아닌 연민이 지속되면서 그의 곁을 지키는 일이 사랑의 또 다른 이름이다.

영화 '내 사랑'은 낡은 양말 같은 두 사람이 자신의 부족함을 인정하고 서로 의지하며 서로를 깨끗하고 알록달록 화려한 양말이라고 말해주며 함께하는 일이 사랑이라고 말하고 있다.

#02. 아낌없이 나누는 큰뿔양

큰뿔양의 몸길이는 수컷은 168~186cm, 암컷은 80~90cm이다. 수컷은 56~124kg, 암컷은 33~66kg의 몸무게다. 몸은 튼튼하고, 귀는 작고 뾰족하다. 북아메리카의 산악지대 및 초원지대에서 서식한다. 야생 양 중에서 가장 몸집이 큰 동물이다. 초식성이어서 풀과 작은 관목들을 먹고 산다.

큰뿔양은 동굴에서 산다.

낮에는 산비탈에서 풀을 뜯어 먹으며 산책도 하며 지낸다.

그곳에서 친구들과 함께 즐거운 시간을 보낸다.

친구 양들이 맛있는 풀을 뜯어 먹는 시간에 위험하지 않도록 주위를 경계하며 살피기도 한다.

큰뿔양에게 친구들은 따뜻한 여자라고 평을 한다.

큰뿔양은 모두가 평화롭게 지내길 바란다.

큰뿔양은 남자친구와 있을 때도 따뜻하고 푸근한 여자다.

양지바른 산비탈에서 연인과 오붓하게 풀을 뜯을 때면 아무것도 부럽지 않다.

연인이 내가 준비한 식탁에 만족해할 때 사랑받는다고 느낀다.

시끄럽지 않은 조용한 장소에서 둘만의 시간을 오랫동안 갖고 싶다.

함께 있을 때는 연인이 무엇이 불편한지 나도 모르게 살피게 된다.

그가 나와 있을 때 위로받고 쉼을 얻기를 바란다.

큰뿔양의 남자친구는 그녀와 있을 때 대접받는 느낌이 든다.

세상에서 최고의 남자가 된 듯이 어깨가 으쓱해지고 힘이 난다.

그녀와 함께 있으면 피곤이 스르륵 사라져 버린다.

큰뿔양은 에너지의 근원이라고 남자친구는 말한다.

큰뿔양은 남자친구가 좋아하는 모습을 보면 행복하다.

쇼핑할 때도 자신의 것이 아닌 남자친구의 것을 먼저 장바구니에 담는다.

이제는 일상이 되었다. 남자친구도 이제는 자연스럽게 생각한다.

큰뿔양은 가끔 생각해 본다.

남자친구가 좋아하는 것으로 나는 충분히 행복한 것인가.

큰뿔양은 사람들이 자신으로 인해 편안해하고 즐거워하면 자신도 분명히 즐겁다.

그러나 자신도 그런 사랑을 받고 싶다고 생각할 때가 있다.

남자친구에게는 "나도 사랑받고 싶어."라고 말하면 불편해할까 봐 한 번도 입 밖으로 꺼내 보지는 못했다.

#03. 아낌없이 나누는 내 마음 돌보기

1. 나는 언제 대접받는다고 느끼나요?

2. 내가 연인에게 존중의 태도를 보이는 행동은 무엇인가요?

3. 연인에게 최고의 선물을 한 것은 무엇이었나요?

4. 내가 연인에게 받은 기억나는 선물은 무엇인가요?

5. 최근에 느꼈던 외로움은 언제였나요?

6. 연인에게 받고 싶은 선물은 무엇인가요?

7. 내가 연인에게 가장 원하는 것은 무엇이라고 생각하나요?

#04. 삶의 만족은 어디에서 오는가

《삶의 만족은 어디에서 오는가》

서동석 지음 / 틔움출판

http://www.yes24.com/Product/Goods/17140005

에머슨은 모든 인간의 삶은 고유의 가치가 있으며 자신의 삶과 긍지와 자신감을 갖고 살아갈 권리가 있다고 주장했다. 자신만의 삶의 방식을 만들고 진실하게 행하는 자만이 만족스러운 삶을 영위할 수 있다고 했다.

이 책은 삶에 관한 에머슨의 철학을 성공, 인생, 지혜, 진실, 건강 5가지 키워드로 나누어 소개하고 있다. 저자 서동석은 20여 년간 에머슨만을 연구해 왔다. 롤러코스터와 같은 불안한 삶을 살아가고 있는 현대인에게 삶의 만족을 자신으로부터 찾을 수 있도록 돕는다. 모순된 삶 속에서 균형을 잡아주는 에머슨의 지혜가 담긴 책이다.

삶의 만족도 척도						
◎ 아래에는 당신이 동의할 수도 있고 그렇지 않을 수도 있는 다섯 문항이 제시되어 있습니다. 각 문항에 동의 또는 반대하는 정도에 따라서 1~7 사이의 숫자에 ○표 해주시기 바랍니다. 자유롭고 솔직하게 응답해 주시기 바랍니다.						

전혀 아니다　　아니다　　약간 아니다　　중간이다　　약간 그렇다　　그렇다　　매우 그렇다
　　1　　　　　2　　　　　3　　　　　4　　　　　5　　　　　6　　　　　7

1. 전반적으로 나의 인생은 내가 이상적으로 여기는 모습에 가깝다.	1 2	3	4	5	6	7
2. 내 인생의 여건은 아주 좋은 편이다.	1 2	3	4	5	6	7
3. 나는 나의 삶에 만족한다.	1 2	3	4	5	6	7
4. 지금까지 나는 내 인생에서 원하는 중요한 것들을 이루어냈다.	1 2	3	4	5	6	7
5. 다시 태어난다 해도 나는 지금처럼 살아갈 것이다.	1 2	3	4	5	6	7
나의 점수 _____점						

가장 널리 사용되는 척도이다.
31~35점 = 매우 만족함, 26~30점 = 만족함, 21~25점 = 약간 만족함, 20점 = 중립상태, 15~19점 = 약간 불만족함, 10~14점 = 상당히 불만족함, 5~9점 = 매우 불만족함.

08

아무런 조건 없이 사랑만 따르기

#01. 더 많이 나누면 더 행복해진다(영화 '오직 그대만')

영화 '오직 그대만'은 2011년 개봉한 송일곤 감독의 전형적인 멜로 로맨스 영화다.

배우 소지섭과 한효주가 남녀 주인공이다. 아픔이 있는 남녀가 여러 위기를 극복하면서 사랑을 이루어 가는 이야기다.

철민은 권투 유망주였지만 지금은 평범한 삶을 살고 있다. 낮에는 생수 배달을 하고, 밤에는 주차장에서 돈 받는 일을 한다.

어느 날 철민에게 정화라는 여자가 다가온다.

전임 주차관리원이었던 할아버지와 정화는 가까운 사이였다.

드라마도 보고 간식도 함께 먹으며 친구처럼 지냈다. 정화는 앞을 볼 수 없는 시각장애인이다. 할아버지를 만나러 왔지만, 철민이가 그 자리를 지키고 있었다. 할아버지 간식으로 준비한 김밥을 철민에게 건넸다. 그렇게 그녀는 밤이 되면 주차관리원의 좁은 공간인 부스를 찾아와 드라마를 함께 본다. 드라마의 장면을 일일이 물어보고 대답해 주면서 철민과 정화는 조금씩 가까워지고 있다. 어느덧 철민은 밤이 되면 설레는 마음으로 그녀를 기다리게 된다.

어느 날 함께 드라마를 본 후 그녀는 집으로 돌아가다 달려오는 자동차를 피하면서 길가의 유리에 상처를 입게 된다. 철민은 그런 그녀를 업고 집에 데려다주게 된다. 정화는 집의 막힌 하수구를 부탁하였고 그 고마움의 표현으로 함께 식사하기를 제안한다. 그렇게 그들은 첫 데이트를 한다. 설레는 마음으로 주말을 기다린다.

정화의 직장 상사에게 위험한 일을 당할 때 철민이 도와주게 된다. 그 후 정화는 직장 해고를 두려워하고 있다. 가슴이 답답하다면서 철민에게 어디라도 데려다 달라고 한다. 고아원에서 자란 철민은 홍수가 나서 지금은 없어졌지만, 자신이 성장했던 그곳에 그녀를 데리고 간다. 그들은 그렇게 마음을 나누게 되고 서로 손을 맞잡으며 함께 하게 된다.

정화는 납골당에 계신 부모님께 철민을 소개한다. 철민은 정화가 시력을 잃게 되던 날 부모님이 사고로 돌아가시게 되었다는 것, 그리고 사고가 자신의 과거 행동과 관계가 있다는 것을 알고 괴로워한다.

권투를 그만뒀던 철민은 정화를 위해 돈이 필요했다. 인기 없는 권투 대신 더 많은 돈을 벌기 위해 격투기를 시작하기로 한다. 철민과 정화는 이제 서로에게 꼭 필요한 존재가 되어 있었다. 철민은 자신이 없을 때 혼자 있을 정화를 위해 맹인견인 골든 리트리버를 선물한다. 정화는 손의 감각으로 철민의 얼굴을 보고 목소리를 듣고 착한 사람이라는 것을 느낀다.

정화의 눈은 수술을 하면 다시 볼 수 있다. 수술을 하지 않으면 곧 완전 실명하는 그녀의 눈 수술을 위해 돈이 필요하다. 철민은 많은 돈을 받을 수 있는 불법 싸움을 하기로 한다. 그녀에게는 우선 모아둔 돈이 있다고 거짓말을 하고 수술을 받기로 한다. 수술을 앞둔 그녀를 병원에 둔 채 싸움을 위해 외국으로 간다. 처절한 싸움을 마친 후 그는 가장 먼저 정화의 수술 결과를 전화로 알아본다. 그녀가 수술을 잘 마쳤다는 소식이다. 그때 철민의 상금을 노린 조직폭력배들의 공격을 받는다. 결국 철민은 정화가 기다리는 곳으로 돌아 오지 못했다. 정화는 눈은 떴지만 돌아오지 않는 그를 그리워하며 지낸다.

2년의 세월이 흐르고 그녀는 조그마한 공방을 하며 봉사활동을 한다. 그녀는 병원에 누워있는 환자들을 보살피는 일을 한다. 사고로 누워있는 철민은 그녀가 병실에 들어오는 것을 발견하고 당황한다. 철민의 얼굴은 찌그러지고 그을린 피부였으며, 한쪽 다리는 쓰지 못하는 상황이었다. 그녀가 자신을 알아볼까 봐 철민은 필사적으로 입을 닫고 말을 하지 않는다. 철민은 온전하지 못한 망가진 몸으로 정화에게 짐이 되기 싫어서 일부러 피한다.

퇴원한 그는 그녀가 공방을 비운 사이 다녀간다. 방금 공방을 나온 철민을 어릴 적 선물한 강아지가 그를 알아보고 철민을 향해 마구 짖어댄다. 강아지의 짖어대는 모습을 본 정화는 그가 철민임을 뒤늦게 깨닫고 오열한다. 하지만 이미 철민은 사라지고 없었다. 정화는 예전에 철민과 함께 갔던, 지금은 물에 잠겨 강이 된 고아원을 떠올렸다. 그곳에서 철민과 정화는 뜨겁게 재회한다.

자신의 행복이 우선인 이 시대에 아무런 조건 없이 사랑만을 따르기는 어렵다. 연애하는 연인들도 서로의 조건을 따져보고 만남을 이어가는 시대다. 결혼이라는 것을 생각할 때는 서로의 삶에 얼만큼의 가치가 있고 이익이 있는지를 따져 보는 게 필수이다. 사고로 시력을 잃어가는 여자의 모습에 자꾸만 신경이 쓰이고 마음이 가는 남자. 삶을 지탱하기에는 위태로운 환경이지만 밝게 세상을 살아가는 그녀의 모습에 남자의 마음이 머물렀다. 현실의 결핍에 낙담하고 불안해하는 여자였다면 그녀에게 사랑이 찾아왔을까.

세상에서 아무런 희망도 없이 그저 생계를 위해 일을 하는 그 남자였다. 누군가를 위해 자신이 무엇을 해야 하는지를 고민하고 그것을 위해 위험도 감수하는 용기의 힘은 사랑이다. 마음의 상처로 다시는 권투를 하지 않으리라 했지만, 그 마음을 이겨 내고 다시 도전할 수 있는 힘이 사랑이다. 부모님을 잃은 슬픔과 동시에 자신의 시력을 잃은 절망적인 여자. 고아로 세상을 살아가면서 상처받고 마음의 문을 닫아버린 남자. 상처로 가득한, 서로에게 기대고 따뜻한 마음을 나누면서 오직 서로에게 모든 것을 내어주는 사랑을 보여주는 영화다.

#02. 인색하지 않은 펠리컨

펠리컨은 크고 신축성 있는 목주머니가 특징이다. 전 세계 여러 지역의 호수, 강, 해안 등지에서 서식한다. 종에 따라 차이가 있지만, 몸길이가 약 180cm, 몸무게는 13kg에 달하는 몸집이 큰 새다. 어식성이라 물고기를 사냥해 먹는다. 목주머니를 어망으로 사용하는데 목주머니에 물고기를 저장하지는 않는다.

좋아좋아 펠리컨 씨는 물고기를 잘 잡는 실력파 남자다.

자신의 것은 물론 남을 위한 몫까지도 잡을 수 있다.

그러나 다른 새들은 좋아좋아 펠리컨 씨가 나누어 주기도 전에 몰래 물고기를 훔쳐 간다.

자신이 잡은 물고기를 다른 새들이 훔쳐 가도 불평하거나 복수하지 않는다.

친구들은 좋아좋아 펠리컨 씨를 바보 같다고 말한다.

그러나 어차피 나누어 줄 만큼 많기에 문제 되지 않는다.

펠리컨 씨는 사랑하는 여자친구에게도 같은 마음이다.

여자친구가 옆에 있은 것만으로도 너무 좋다.

그녀를 위해 기념일에 선물한 것은 자신이 사랑하기 때문이다.

자신에게 보답하려 하는 여자친구의 마음으로도 충분히 고맙다.

좋아좋아 펠리컨 씨는 누군가를 위해 나눌 수 있는 자신이 너무 좋다.

주는 행복이 얼마나 큰지 더 이상 원할 이유가 없다.

다행히 물고기를 잘 잡는 실력이 있는 게 너무 감사하다.

사랑하는 그녀에게도 그녀가 원하는 것을 언제든 줄 수 있기를 바라고 있다.

가끔은 좋아좋아 펠리컨 씨의 마음을 이용하는 새들이 있다.

힘겹게 잡아 온 물고기를 자신들이 잡아 온 물고기라고 떠들어대며 힘을 과시하는 동료들을 만날 때다, 그럴 때 좋아좋아 펠리컨 씨는 당황한다.

그러나 그마저도 동료 새들의 살아가는 방식이라고 이해하고 넘어간다.

좋아좋아 펠리컨 씨는 때때로 바보 같다는 말을 듣기도 하지만 누군가에게 의지하지 않고 물고기를 잘 낚는 실력으로 살 수 있는 것이 오히려 감사하다.

크게 돕지는 못하지만, 자신의 부스러기로 누군가가 도움을 받는다면 그것으로 충분하다.

부스러기조차 내놓지 않으려고 한다면 이 세상은 정말 삭막할 것 같다고 생각한다.

좋아좋아 펠리컨 씨는 여자친구에게 그런 그를 있는 그대로 지지해 주기를 원한다.

#03. 아낌없이 나누는 내 마음 돌보기

1. 내가 생각하는 행복은 무엇인가요?

2. 사랑하는 사람과 나누는 최고의 만족은 무엇이라고 생각하나요?

3. 사랑하고 행복하기 위해 무엇이 요구된다고 생각하나요?

4. 사랑을 위해 기꺼이 무엇을 나눌 수 있나요?

5. 연인과 행복하기 위해 내가 내려놓아야 할 것은 무엇인가요?

6. 나에게 가장 소중한 것은 무엇인가요?

7. 행복지수를 높이기 위해 내가 할 수 있는 것은 무엇인가요?

#04. 곰돌이 푸, 행복한 일은 매일 있어

《곰돌이 푸, 행복한 일은 매일 있어》

저자 미상(곰돌이 푸 원저) · 정은희 역 / 알에이치코리아(RHK)

https://www.yes24.com/Product/Goods/59070026

1977년 위니 더 푸를 원작으로 태어난 애니메이션 '위니 더 푸'는 전 세계 어린이들에게 삶에 대한 희망과 메시지를 전했다. 어떤 상황에서도 미소를 잃지 않는 곰돌이 푸를 만나면 슬며시 웃음 짓게 된다. 이 책은 일상의 삶 속에서 무엇이 나를 행복하게 하는지를 다시 한번 생각하게 해준다. 귀엽고 사랑스러운 모습부터 엉뚱하지만, 자꾸만 웃음 짓게 만드는 푸는 행복에 관한 희망과 의미를 되새길 수 있게 해준다.

행복 검사(ReviseThe Oxford Happiness Scale)

◎ 아래에는 개인의 행복과 관련된 문장들이 제시되어 있습니다.

각 문항에 대해서 당신이 오늘을 포함하여 지난 한 주 동안 느낀 바를 가장 잘 나타내는 정도에 따라 1~4 사이의 숫자에 ○표 해 주시기 바랍니다.

	전혀 아니다 1	약간 그렇지 않다 2	상당히 그렇다 3	매우 그렇다 4		
1. 나는 행복하다.				1	2	3	4
2. 나는 미래에 대하여 낙관적이다.				1	2	3	4
3. 나는 내 인생의 많은 부분에 대해서 만족한다.				1	2	3	4
4. 나는 내 인생을 잘 통제하고 있다고 느낀다.				1	2	3	4
5. 나는 내 인생에서 상당한 보람을 느낀다.				1	2	3	4
6. 나는 나 자신을 좋아한다.				1	2	3	4
7. 나는 주변에서 일어나는 일들에 대해 상당한 영향력을 가지고 있다.				1	2	3	4
8. 산다는 것은 좋은 것이다.				1	2	3	4
9. 나는 다른 사람들에게 흥미를 느낀다.				1	2	3	4

10. 나는 대부분의 결정을 쉽게 잘 할 수 있다.	1	2	3	4
11. 나는 일들을 잘 해내는 편이다.	1	2	3	4
12. 아침에 일어날 때마다 개운한 편이다.	1	2	3	4
13. 나는 활기에 차 있다.	1	2	3	4
14. 나는 많은 것들에서 아름다움을 느낀다.	1	2	3	4
15. 나는 정신적으로 항상 맑게 깨어 있는 편이다.	1	2	3	4
16. 나는 건강하다고 느낀다.	1	2	3	4
17. 나는 다른 사람들에게 따뜻한 감정을 지니고 있다.	1	2	3	4
18. 나는 과거에 대한 행복한 기억들을 많이 지니고 있다.	1	2	3	4
19. 나는 종종 쾌활하고 즐거운 기분을 느낀다.	1	2	3	4
20. 나는 내가 원했던 많은 것들을 해냈다.	1	2	3	4
21. 나는 내 시간을 잘 관리하고 있다.	1	2	3	4
22. 나는 다른 사람들과 함께 재미있는 일들을 자주 경험한다.	1	2	3	4
23. 나는 다른 사람들을 유쾌하게 해주는 편이다.	1	2	3	4
24. 내 인생의 의미와 목적에 대해서 분명한 인식을 지니고 있다.	1	2	3	4
25. 나는 내가 하는 일에 몰입하여 전념하는 편이다.	1	2	3	4
26. 나는 세상이 참 좋은 곳이라고 생각한다.	1	2	3	4
27. 나는 잘 웃는다.	1	2	3	4
28. 나의 외모는 매력적이라고 생각한다.	1	2	3	4
29. 나에게는 대부분의 일들이 흥미롭게 느껴진다.	1	2	3	4
나의 점수		_____점		

행복점수를 기록하고 검사를 마친 날짜를 적는다.

행복 연습을 실천하는 동안 정기적으로 검사를 해본다.

행복 프로그램을 지속하면서 자신의 행복이 어떻게 변화하고 증가하는지 관찰한다.

에필로그

우리는 여전히 사랑하는가?
필자 자신에게 던지는 질문을 시작으로 어느덧 여기까지 왔다.

사랑은 옳다.

누구도 아프지 않은 사랑은 언제나 옳다.

서로 다른 사랑을 꿈꾸는 우리지만
지금 이대로 사랑하며 행복하기 위한
방안을 이 책에서 얻기를 바란다.

사랑하는 사람과의 불편감은 상대의 입장,

즉 기질적인 특성으로 바라본다면

상당 부분 해소될 것이다.

필자는 결혼생활 30년이 넘었다.

30년 동안 곁에서 나를 잃지 않고 살아가도록

든든히 지지해준

남편 김종회 님에게 고마운 마음을 전한다.

집밥을 먹는 건 좋아하지만

집밥을 하는 건 즐기지 않는 아내를

불편감 없이 바라봐준 남편이다.

군의관으로 복무 중인 아들 태진의

응원과 지원에 글을 쓰면서 힘을 낼 수 있었다.

아들! 고맙고, 사랑한다.

사랑을

지키고자 힘쓰고 애쓰는 것은 어렵다.

사랑은 존재만으로도 충분하다.

지금 이대로 사랑하고 행복하기를 바란다.

책이 세상에 나올 때까지

기도로 사랑으로 격려해 주신

많은 분께 감사드립니다.

도서출판 BG북갤러리 최길주 대표님, 감사합니다.

2024년 1월

손애숙